La Good Mood Class

SOPHIE TREM

La Good Mood Class

Les 5 clés pour réactiver
votre bonne humeur
et changer d'état d'esprit

J'AI LU BIEN ÊTRE

Pour des raisons de lisibilité, nous avons choisi d'écrire les marques déposées avec une majuscule, sans les faire suivre du sigle ^{TM}.

À Boris, Liam et Aidan,
je vous aime plus que tout au monde.

Merci Papa et Maman
de m'avoir montré le chemin.

À ceux qui ont décidé de croire
que tout était possible.

SOMMAIRE

La bonne humeur, un truc qui marche pour de vrai ! 13

SI J'AI RÉUSSI À CHANGER MA VIE, VOUS POUVEZ TOUS LE FAIRE ! 21

La petite Cambodgienne 23
La chance comme mantra depuis toujours 25
Eczéma, stress et cortisone 27
La mode, mon premier amour 30
Résister, ma marque de fabrique ? 32
La solution est en moi 35
Let it be 37
Quand les défaites s'enchaînent 39
Un peu de lumière 43
Encore un échec… 45
Mettre en place des pensées positives 47
The Other Art of Living : oser croire que tout est possible ! 51
Ma première bougie chez Chanel, un conte de fées 55
En route vers la liberté 59
Place aux *Good Mood Class* 62

Apprendre à écrire sa propre histoire 65
Don't stop me now ! 68

LA BONNE HUMEUR EN CINQ POINTS CLÉS 73

Clé n° 1 : La posture
Le socle de notre bien-être 81
Quelques exercices simples pour améliorer votre posture 93
Pour vous aider à trouver l'équilibre 100
Mon expérience : le *rolfing* 103
Les livres qui m'ont éclairée sur la posture 103
Le mot du spécialiste : Lakshman Attygalage, professeur de yoga 104

Clé n° 2 : La respiration
L'essence même de la vie 106
Quelques exercices simples pour bien respirer 118
Pour vous aider à trouver la respiration la plus juste 122
Mon expérience avec la respiration nasale 124
Le mot de la spécialiste : Véronique Benchimol, sophrologue 125

Clé n °3 : L'instant présent
Ici et maintenant : la seule réalité spatio-temporelle 127
Agir en pleine conscience pour transformer notre vie 130

Quelques exercices simples
pour vivre dans l'instant présent 145
Les activités qui favorisent la pleine conscience 149
Mon expérience : le yoga et la méditation 150
Les livres qui m'ont éclairée
sur la pleine conscience 152
Le mot de la spécialiste :
Diana Winston, directrice du centre
de recherches Mindful Awareness (UCLA) 153

Clé n° 4 : La pensée positive
Nos pensées nourrissent
notre âme et notre corps 156
Quelques exercices pour s'éveiller
à la pensée positive 177
Comment favoriser la pensée positive 182
Mes astuces quand j'ai un petit coup
de mou… 191
Les livres qui m'ont éclairée
sur la pensée positive 195
Trois femmes inspirantes qui confirment
que tout est possible ! 197

Clé n° 5 : L'acceptation
L'acceptation, une notion
pas si simple… 202
Accepter son passé et ses erreurs,
surmonter ses peurs et ses zones d'ombre 206
Laisser le temps au temps 224
Les activités qui favorisent l'acceptation 231
Pour se faire aider 233
Mon expérience : l'hypnose 233
Les livres qui m'ont éclairée sur l'acceptation 235

Le mot du spécialiste :
Docteur Png Lu Huy, chirurgien ORL
(Singapore General Hospital) 236

Conclusion 239
Remerciements 249

LA BONNE HUMEUR, UN TRUC QUI MARCHE POUR DE VRAI !

Et si vous aviez le pouvoir de tout changer, à tout moment ?

Se lever du bon pied, sourire à la vie, penser que le meilleur reste à venir et activer sa bonne humeur même quand rien ne va plus… pas toujours facile ni très naturel ! Le monde qui nous entoure, le boulot, la famille, les contraintes, les contrariétés sont nombreuses : **tout ressemble à un enchaînement d'obstacles nous empêchant d'être positif et serein**. Pourtant, on sait tous qu'il existe mille façons d'embellir son quotidien et de vivre autrement les petites difficultés de la vie, les coups de panique et les périodes compliquées, mais comment avoir le réflexe de les appliquer ?

C'est à l'occasion d'une transition professionnelle ultra stressante que j'ai pris conscience des vertus exceptionnelles de la bonne humeur et de sa force immense. En ouvrant les yeux sur toutes ces petites choses du quotidien qui rendaient la vie meilleure, en appréciant chaque détail positif plutôt qu'en m'attardant sur les difficultés, ma vie a changé. Je vous rassure, pas du jour au lendemain, car les grandes choses prennent du temps…

Après un parcours chaotique d'une dizaine d'années dans le milieu ultra exigeant de la mode qui m'avait épuisée moralement comme physiquement, je n'avais plus qu'une obsession : trouver un équilibre entre vie privée et vie professionnelle, une autre façon de vivre ensemble car, j'en étais convaincue, il devait forcément y avoir une possibilité de pouvoir travailler et vivre dans la joie et la bonne humeur. **J'avais alors trente-trois ans et l'impression d'être au bout de ma vie.** Ce calvaire devait cesser. Je ne pouvais plus vivre ainsi, c'était une question de survie. J'ai mis du temps à comprendre, mais un jour ce fut une évidence : la seule personne qui pouvait m'aider et changer ma vie, c'était moi. En changeant ma façon de penser, je commençais à voir les choses autrement ; petit à petit, je voyais les signes du contour de cette nouvelle vie pointer à l'horizon. L'espoir au bout qui se faisait de plus en plus rassurant.

Avec mon blog *The Other Art of Living*, j'ai posé les premières pierres de ma nouvelle vie. En développant un univers bienveillant et *arty*, en postant de jolies photos et des petits billets de bonne humeur, j'ai trouvé le moyen d'égayer mon quotidien, découvrant la puissance de la positivité. Très vite, ma petite page a grandi, et ma communauté avec elle. Vous avez été de plus en plus nombreux à vous abonner à ma page Instagram et à mon blog, puis à me faire des retours positifs, à m'encourager, à partager mes recherches et à faire grandir cette petite flamme en moi qui me disait que je devais continuer à aller dans cette direction.

Le bien-être, la pensée positive, c'est une façon d'être aligné avec ses valeurs et ses rêves, de se dire qu'on est sur le bon chemin – celui qu'on a choisi – pour avancer avec sérénité : avec les *Good Mood Class* (TGMC, The Good Mood Class en version originale), j'ai trouvé une façon ludique et interactive de le partager. Ma passion pour le bien-être est devenue mon job. Et je me suis rendu compte qu'en aidant les autres à aller mieux… je vais mieux !

Nous sommes tous uniques, différents, marqués par notre passé et notre propre histoire, mais je constate que si nous sommes ensemble, ici et maintenant, et que nous faisons le choix de regarder dans la même direction, une infinité de possibles s'offrent à nous, car rien n'arrive jamais par hasard, et qu'avec un peu de persévérance et beaucoup d'amour, on peut donner vie à nos rêves.

Au fil des années, grâce à des rencontres formidables et une équipe soudée et dynamique, nos *Good Mood Class* (TGMC) se sont enrichies pour devenir de vrais moteurs d'optimisme. De Paris à New York, de Lille à Strasbourg, de Los Angeles à Bordeaux, nos événements rencontrent un succès chaque fois plus grand pour un résultat toujours plus bluffant. Des intervenants de toutes sortes se joignent à moi pour conter leurs expériences, leur façon de s'ouvrir à la bonne humeur (professeurs de yoga ou de danse, médecins, thérapeutes, artistes, entrepreneurs, coach sportif...), mais surtout dévoiler leurs vulnérabilités et partager leur manière de les transformer en forces. Car c'est ça, le vrai secret : chaque obstacle peut devenir une opportunité à qui sait la saisir.

En s'appuyant sur des valeurs simples, authentiques, universelles et humaines portées par une communauté bienveillante et énergique, à force d'observation, de rencontres, de recherches et de pratique avec des thérapeutes, **j'ai mis en place une méthode simple en cinq points clés essentiels afin de réactiver la bonne humeur par le biais du corps et de l'esprit : la posture, la respiration, l'instant présent, la pensée positive et l'acceptation.**

Testée et approuvée à chaque *Good Mood Class*, cette méthode fonctionne vraiment, et je suis la première surprise du résultat ! Elle vous aidera à dépasser les petites contrariétés qui jalonnent votre chemin, à trouver des solutions en cas de pépins, à optimiser chaque échec et à modifier votre façon de vivre, petit à petit, jour après jour. Cette méthode, je l'ai développée avant tout pour moi, car je suis la première à en avoir besoin – même si je me sens beaucoup mieux aujourd'hui, rien n'est jamais vraiment acquis et mieux vaut être vigilant car on ne sait jamais ce que l'avenir nous réserve.

Ce livre ne parle pas de bonheur, qui évoque un moment précis, la *bonne heure*, et qui est subjectif et ne se conjugue pas de la même façon pour nous tous. Ce livre parle de bien-être et de bonne humeur, chacun à son rythme, sur le chemin qui lui est propre. Il est là pour vous dire que « tout est possible », qu'il ne faut pas rester accroché à une seule possibilité, mais plutôt imaginer tous les autres scénarios possibles : si les choses ne se passent pas exactement comme on les avait imaginées, ce n'est pas grave ! Détachons-nous de la frustration, elle est notre pire ennemie. C'est elle qui va appeler la colère, le stress et l'angoisse qui à leur tour vont s'entretenir dans ce cercle vicieux ! On a tout en nous pour aller bien, mettons-le en marche. **La bonne humeur et l'énergie positive** fonctionnent comme un interrupteur, **à nous d'actionner le bouton *On/Off*** quand nous le souhaitons et, en prenant conscience des conséquences de nos gestes, nous pourrons enfin être l'acteur de notre propre vie.

Avant de devenir entrepreneuse, j'avais peur de tout alors que je pensais être une femme libre et confiante, forte, qui ne tenait pas compte du regard des autres… Comme je me trompais ! L'avis des autres pesait si lourd sur mes décisions et mes actes que j'étais tétanisée à l'idée de faire des choses sans leur aval. Pourtant, je n'en avais absolument pas conscience. Avec le temps et pas mal de travail, j'ai décidé de ne plus dépendre que de moi-même, de me faire confiance et de tracer ma route à ma façon, en suivant mes envies et mon instinct. **En acceptant que j'étais le problème, je devenais ainsi la solution.**

J'ai mis du temps à trouver mon propre chemin et à comprendre ce qui me rend réellement heureuse, ce qui m'anime et me fait vibrer. Après des années à me perdre et chercher ma voie, à me demander comment réussir à me sentir mieux et vivre plus sereinement, j'ai pris du recul et découvert comment mettre en marche un processus de bonne humeur et de bien-être.

À partir de ce moment, ma vie a totalement changé, je me suis sentie enfin alignée avec moi-même ; mon stress a diminué, mes petits maux et mes douleurs à tout bout-de-champ se sont envolés. Il m'arrive encore de retomber dans mes vieux travers, mais ça ne dure plus ; quant aux catastrophes en tout genre qui avaient tendance à me tomber dessus, elles ont quasiment toutes disparu, sinon elles se transforment en tremplin ! En allant bien, je peux enfin aider les gens autour de moi, c'est ce qui m'anime, au fond. Mais je ne suis pas dupe, je sais qu'en aidant les autres, je m'aide moi-même, car c'est le sens que j'ai décidé de donner à ma vie.

Nous avons tous notre rôle à jouer pour que la société dans laquelle nous vivons soit harmonieuse et belle. Si chacun d'entre nous y met du sien, petit à petit nous arriverons à faire bouger les lignes, à changer ce qui nous déplaît ou nous fait souffrir, que cela nous concerne personnellement ou universellement. J'ai la conviction que si nous allons tous bien, le monde ira mieux. Car si nous voulons changer le monde, il faut d'abord que nous changions nous-mêmes ; pour que le monde aille bien, nous devons aller bien, car nous ne faisons qu'un.

Aujourd'hui, l'une de mes plus grandes joies est d'intervenir en entreprise afin d'aider les équipes à réactiver leur bonne humeur. Je suis sincèrement heureuse et touchée de voir que de plus en plus d'entreprises ont compris que l'optimisme devait être une attitude collective, que la bonne humeur et l'humain devaient être au cœur des priorités. Heureuse aussi d'avoir développé avec vous et grâce à vous une méthode simple, ludique et efficace, en cinq clés essentielles, destinée à tous ceux qui souhaitent réveiller leur bien-être intérieur par le biais du corps et de l'esprit. Je vous laisse la découvrir et la mettre en pratique. Essayez-la, je vous promets, ça marche !

La seule personne qui peut changer ta vie, c'est toi.

SI J'AI RÉUSSI À CHANGER MA VIE, VOUS POUVEZ TOUS LE FAIRE !

LA PETITE CAMBODGIENNE

D'origine sino-cambodgienne, mes parents ont tous deux rejoint la France au début des années 1970 pour y faire leurs études. À l'image de très nombreux jeunes gens de la bourgeoisie cambodgienne, ils pensaient rentrer au Cambodge une fois leur diplôme en poche. Pourtant, en avril 1975, les Khmers rouges prennent le contrôle du pays après un coup d'État et le peuple cambodgien est pris en otage par un idéologiste communiste surnommé Pol Pot. Le pays ferme ses frontières, et ses terres deviennent d'immenses camps de travail où les habitants subissent la torture. C'est l'un des plus grands génocides : deux millions de morts sur six millions d'habitants en quatre ans.

C'est dans ces conditions tragiques que mes parents se rencontrent à Paris, grâce à des amis communs. Sans nouvelles de leurs proches depuis avril 1975, ils passent les premières années de leur vie de couple à tenter de retrouver leurs familles… tout en se disant qu'il existe une probabilité qu'ils ne les revoient jamais. Sans personne pour les aider financièrement, ils sont contraints d'arrêter leurs études. Mon père devient chauffeur de taxi. Ma mère, elle, est embauchée comme dactylographe à l'encyclopédie Universalis. Tous deux n'ont qu'un but : s'en sortir.

Lorsque le Cambodge est délivré par les Vietnamiens, en 1979, très peu d'informations arrivent jusqu'à la porte de Choisy où se retrouve la communauté. Depuis cinq ans sans nouvelles de leurs familles restées au Cambodge, mes parents décident d'arrêter d'espérer et se font une raison : ils ont obtenu la nationalité française dans leur pays d'adoption, ils ont tous deux une situation, la vie continue. Il faut passer à autre chose. Ils n'ont pas le choix, se morfondre ne les aidera pas à retrouver leurs familles. Ils n'ont pas le droit de se plaindre : ils sont vivants, ils ont eu la chance extraordinaire d'avoir échappé aux camps et au génocide...

Pourtant, en 1980, alors qu'il a perdu tout espoir de réunir un jour sa famille et celle de sa femme, mon père apprend que sa mère et ses cinq frères et sœurs sont vivants. C'est un véritable miracle ! Comme une bonne nouvelle ne vient jamais seule, ce sera l'année de ma naissance.

Mes parents quittent le Chinatown parisien pour s'installer dans un pavillon de banlieue tout neuf, au milieu des champs. Ici, les familles asiatiques se comptent sur les doigts de la main. Ma mère veut à tout prix s'intégrer : sa fille est née en France, elle sera donc française. Je crois que très tôt j'ai pris conscience de la dureté de la vie après toutes les horreurs que ma famille avait vécues. Je ne comprenais pas pourquoi, moi, j'avais la chance d'être en vie alors que toute une partie de la famille avait disparu en ne laissant que quelques noms et des photos en souvenirs. La vie pouvait être si injuste et cruelle. C'est sûrement grâce ou à cause de cela que j'ai décidé de profiter de tout et de toujours chercher le côté positif des choses, car je savais qu'il y avait toujours plus grave, ma famille en avait payé cher le prix, je devais les honorer.

LA CHANCE COMME MANTRA DEPUIS TOUJOURS

Petite fille, je nage dans le bonheur. La journée, c'est ma grand-mère qui me garde. Je passe mon temps à faire des bêtises, mais elle me pardonne tout car je suis l'enfant chérie de la famille, la première née en France. Elle me raconte les camps et la guerre, mais ses anecdotes sont plutôt amusantes et j'aime l'écouter. Elle dit sans cesse que j'ai beaucoup de chance, que nous avons beaucoup de chance. J'entends souvent ce mot : *chance*. Ma grand-mère prie beaucoup et si je ne comprends pas cette langue dans laquelle elle récite ses mantras, je sais que chaque fois que je veux quelque chose, elle prie pour moi et ça marche ! Je suis alors persuadée qu'elle détient des pouvoirs magiques, ce qu'elle ne contredit jamais quand je l'interroge. Elle me répète seulement :

« Quand on veut très fort quelque chose, il suffit d'y croire et de prier. »

Je sais aujourd'hui que cette « chance » était sa façon de positiver, de relativiser et de se protéger de la réalité sur laquelle elle avait choisi de poser un filtre rose. Et il me semble que plus ma grand-mère croyait en cette chance, plus celle-ci se matérialisait. Des années plus tard, j'ai appris que cela s'appelait le « karma ».

En 1983, mes parents décident de devenir entrepreneurs et se lancent dans la confection : il faut travailler d'arrache-pied pour subvenir aux besoins de cette famille qui s'est agrandie. Ils passent leur vie à trouver des solutions à tout. Partis de rien, arrivés les mains vides en France, ils éprouvent un profond respect pour cette chance que la vie leur a donnée en leur évitant la guerre. Malgré les difficultés du métier, les hauts et les bas du commerce, ils ne lâchent rien. Jamais je ne les ai entendu se plaindre ou se lamenter. Ce que je vois, plutôt, c'est leur courage et le plaisir qu'ils éprouvent à se retrouver pour faire la fête, chaque dimanche, avec leur bande de toujours, celle avec laquelle ils ont étudié, partagé l'attente, les déceptions, les chagrins. Ils organisent de grandes fêtes pour leurs employés, à l'atelier ou à la maison ; il y a de la musique, de la danse, et du monde partout.

J'ai toujours entendu mon père dire : « Si on travaille dur, c'est pour profiter de la vie, sinon à quoi bon ? » ; et ma mère : « La vie sans amis, c'est comme un jardin sans fleurs, c'est triste. » Aujourd'hui, je comprends que mes parents et leurs amis essayaient de retrouver dans ces grandes fêtes l'insouciance qu'ils avaient connue au Cambodge.

Seule ombre au tableau : je souffre d'un eczéma sévère.

ECZÉMA, STRESS ET CORTISONE

À ma naissance, ma peau rouge, sensible et fragile ne supporte que les lavages à l'eau minérale. Bébé, on dirait une lépreuse… Les médecins diagnostiquent le combo idéal : eczéma + asthme. Je suis allergique à tout et grandis avec la menace constante que le pire va me tomber dessus si je joue avec un chien, caresse un chat ou m'approche d'un arbre au printemps…

L'eczéma devient mon calvaire. Mon corps est recouvert de plaques. J'en ai sur le visage, les joues, les yeux, la bouche, le cou… Je vis avec des préparations à base de cortisone et passe mon temps chez le dermatologue. Je connais tous les allergologues de Paris. À chaque nouveau traitement, j'ai l'espoir que cela ira définitivement mieux, mais mon eczéma réapparaît chaque fois plus violemment. Je m'y habitue, me montre forte et fais comme si de rien n'était. Remettons-nous dans le contexte de l'époque : je suis la seule Asiatique dans un collège privé catholique, difficile de passer inaperçue… Pour survivre, il est préférable d'avoir un tempérament solide.

On me rabâche à longueur de journée que j'ai tout pour être heureuse et pas le droit de me plaindre. Je ne manque de rien et j'ai beaucoup de chance. Ce n'est « que » de l'eczéma. À force de l'entendre, je me fais une raison.

Mon adolescence se passe par ailleurs sans encombres. Je suis souvent livrée à moi-même, car mes parents vivent entre la France et l'Asie, mais je me classe généralement parmi les meilleurs élèves chaque année sans trop de difficulté. De toute façon, je n'ai pas le choix, si j'ai des mauvaises notes j'aurai affaire à ma mère qui se transformera en dragon, et personne ne veut voir ça…

Je passe mes journées à rêver d'une carrière dans la mode ou les cosmétiques – avec ma peau intolérante à tout produit cosmétique, c'est plutôt ironique ! –, j'entends souvent des gens dirent que je rêve trop, mais c'est justement à cette époque que je me promets de faire ce que j'ai envie de faire : je ferai tout pour que mes rêves deviennent réalité. D'ailleurs, plus on me dit « Tu ne peux pas » et plus j'ai envie de prouver le contraire...

Mes années lycée passent comme l'éclair, et au printemps 1998, je passe mon bac. C'est la Coupe du monde, la France est en fête : personne n'a la tête aux révisions, on ne pense qu'à la finale. Je sors en secret avec un garçon de ma classe, Boris, qui m'a draguée par mail : ça semble anodin aujourd'hui, mais à l'époque, très peu de gens ont accès à Internet. On a toujours été un peu geeks, tous les deux.

Enfermée chez moi pour réviser, je réalise que mon niveau de stress en période d'examen est à son comble. Ma solution pour faire baisser le stress ? Réviser le moins possible ! C'est risqué de jouer ainsi son bac à pile ou face, mais je décide de suivre mon instinct – et de demander à ma grand-mère de prier pour moi. Miracle, ça fonctionne ! Je décroche ce fameux examen du premier coup avec une moyenne de 10,02... Boris est reçu, lui aussi, mais comme tout le reste de la classe, au rattrapage. Quand je vous parle de miracle...

LA MODE, MON PREMIER AMOUR

En septembre 1998, après un été à Cambridge où je découvre la liberté avec mon premier job en tant qu'*activity leader* dans une école internationale – une sorte de GO pour séjours linguistiques –, me voilà étudiante à l'Institut supérieur européen de la mode qui vient d'ouvrir à Paris. À moi la mode, les strass, les magazines, les vêtements, le maquillage, les sorties et les fêtes sans couvre-feu. Avec le prix que coûtent mes trois ans d'étude dans cette école on pourrait, me disent mes parents, acheter un studio ou financer l'accueil en France de Cambodgiens… J'en suis consciente. Je sais aussi que nouvelle dans ce secteur, l'école n'offre aucune garantie. Mais j'ai confiance.

Dans cette école de mode où les filles semblent tout droit sorties d'un défilé et vont chez le coiffeur chaque semaine, je me fais une bande de copines très chouettes – et tout aussi hallucinées que moi devant cette faune qui nous entoure. Comme une gamine lâchée en plein Disneyland, je découvre la vie parisienne : je veux tout voir, je sors énormément, on fait beaucoup la fête. On me demande souvent comment je tiens sans prendre de substance : c'est évident, j'ai beaucoup trop d'énergie, et à la manière d'Obélix, j'ai dû tomber dans une marmite d'énergie quand j'étais petite !

Surtout, je suis heureuse, fascinée. Je touche du bout des doigts l'univers dont j'ai toujours rêvé : Cartier, Sonia Rykiel, Ralph Lauren, Christian Lacroix... Même si je devine que rien ne sera facile dans ce monde élitiste, exigeant et superficiel. La tension est palpable, les gens n'ont pas souvent l'air très épanoui. Est-ce le prix à payer ? Il doit bien y avoir un moyen de vivre dans cet univers avec le sourire, non ?

C'est une agence de design spécialisée dans le packaging des produits de beauté qui m'accueille pour mon premier stage. J'y rencontre surtout celui qui est devenu depuis le meilleur des meilleurs amis : Romain, « aka mon roro », qui m'épaulera tout au long de mes aventures parfois rocambolesques. Quand j'ai le moral en berne ou que je m'en veux d'être nulle, il soutient mordicus que le problème vient des autres : c'est à ça qu'on reconnaît ses meilleurs amis !

La vie professionnelle me plaît, je me débrouille bien : l'agence me propose mon premier poste en CDI, je n'en reviens pas. Décidément, j'ai beaucoup de chance.

Mais, comme d'habitude, ma mère n'est pas d'accord... et préfère m'inscrire en école de commerce, option communication – je découvre les cours en amphi et une ambiance incroyable : on se croirait au Club Med – où elle me pousse jusqu'au master « management du luxe ». Quand ma mère a quelque chose en tête... #tigermum.

RÉSISTER, MA MARQUE DE FABRIQUE ?

En parallèle, mon oncle maternel, dans la confection lui aussi, me propose de le rejoindre dans le rachat d'une marque de streetwear. Pour lui, c'est tout vu, ça va être un carton ! Et Tonton Ly croit en moi, il est persuadé que je suis faite pour monter ma société. À l'époque, tout me semble possible, alors pourquoi pas ?

La tendance est aux rappeurs qui lancent leur marque, le hip-hop a le vent en poupe : notre entreprise fait de jolis débuts. Hélas, six mois plus tard, des problèmes de communication finissent par avoir raison de notre association et l'aventure s'arrête. Mais emballée par cette activité, je décide de lancer ma propre marque, Funk. U, un mix entre *thank you* et *fuck you* – pour mon côté rebelle. Mon oncle finance la production, mon cousin Sathia, qui m'accompagne dans toutes les aventures, vient m'épauler. Notre tout premier défilé voit le jour au fameux restaurant La Coupole, à Paris, et même la presse parle de la marque. Mais travailler en famille jour et nuit, six jours sur sept, s'avère plus compliqué que prévu. Avec le stress et la fatigue associés à la poussière de tissus qui vole dans l'atelier, mon eczéma est terrible. Mon visage est rouge et bouffi, je ne supporte pas mon reflet dans le miroir. Je ne sais même pas comment Boris me regarde encore.

Pour tenter de m'alléger un peu, je décide de lâcher l'école. En cachette. Hélas, quelques mois après notre défilé et nos premiers clients, mon oncle m'annonce qu'il ne peut pas continuer à me financer. Le monde s'écroule sous mes pieds. Je vais devoir déposer le bilan. Mon rêve vire au cauchemar. Pour la première fois, je me sens incapable, vulnérable. Tout m'échappe, j'ai tout gâché. Je suis anéantie, je n'arrive plus à réfléchir ni à avancer.

Mon eczéma ? Il s'est propagé de la tête aux pieds. J'en ai jusque dans le cuir chevelu, je me gratte jusqu'au sang. Mon dermatologue n'est pas optimiste : chaque nouveau traitement est un désastre.

Je ne pense qu'à mes problèmes, jour et nuit, emportée dans une spirale infinie. J'ai vingt-deux ans, je viens d'abandonner mes études, je viens de fermer ma société. Je ne me sens plus à ma place nulle part et n'aperçois pas l'ombre d'une solution. La honte me submerge : que vont penser tous ces gens qui m'ont accompagnée et qui ont cru en moi ? Comment ai-je pu en arriver là, alors que j'avais tout pour réussir ?

Je reste cloîtrée chez moi, je ne veux plus voir personne. Je passe mon temps chez le médecin, au moindre symptôme je crains et imagine le pire. Hypocondriaque est un euphémisme. Heureusement, Boris se montre d'un soutien sans faille. Il n'a pas de solution à mes problèmes, mais m'incite à me reprendre en main. Il me propose d'emménager chez lui. Après cinq ans passés chacun chez soi, il est temps de prendre un nouveau départ. Enfin un point positif : ma vie privée n'est pas catastrophique.

Rassemblant mes dernières forces, je cherche un job dans le milieu de la mode et décroche rapidement une mission d'une semaine, le temps de la *Fashion Week*, dans un showroom de créateurs tenu par une Brésilienne, Ana Luiza. Elle est sympathique, souriante, drôle, et ce qu'elle me propose est différent de ce que j'ai connu jusque-là. Ma mission est de convaincre les boutiques et les clients de venir au showroom. On me confie un fichier, j'enchaîne les appels. Ana Luiza n'en revient pas, j'obtiens des rendez-vous avec des boutiques qu'elle n'a jamais réussi à faire venir !

J'adore ce nouveau job, d'autant qu'il me permet d'aller une fois par an au Brésil pour choisir la collection – l'occasion pour moi de revoir

Morena, l'une de mes plus proches amies, rencontrée à Cambridge.

J'ai bien fait de tenir bon et d'aller de l'avant : le trou noir est derrière moi. La vie m'offre une nouvelle chance.

LA SOLUTION EST EN MOI

Après plusieurs mois aux côtés d'Ana Luiza, je fais la connaissance d'Armand Hadida, le fondateur du concept store parisien L'Éclaireur et du salon Tranoï : deux incontournables du milieu pointu de la mode et des créateurs. Je ne le connais que de nom, mais il fait la pluie et le beau temps dans ce milieu, il est réputé pour être très dur. Avec moi, il se montre plutôt sympathique… Et il me propose même un poste dans l'équipe du salon. Une chance que je saisis au vol.

Dans ce petit empire de la mode, j'ai affaire à des gens très exigeants, passionnés, qui partagent un même amour pour le vêtement et les belles choses. Je suis chargée de repérer et de sélectionner les créateurs ; je ris, souvent, je pleure aussi, beaucoup, car le milieu est dur. Le rythme des *Fashion Week* est épuisant et la famille Hadida terriblement exigeante. Après seulement quelques semaines à ce nouveau rythme, mes crises d'eczéma reviennent en force. Mon visage donne l'impression d'avoir été brûlé au chalumeau. Qu'est-ce qui ne va pas ? Boris et moi venons pourtant de nous marier, j'ai tout pour être heureuse.

Alors que je m'apprête à reprendre rendez-vous avec mon dermatologue pour enclencher un nouveau traitement, l'une de mes meilleures amies, Marie-Françoise, de passage à Paris depuis le Mexique, m'ordonne de prendre le rendez-vous qu'elle a mis six mois à obtenir avec le docteur Thi Quy : elle est persuadée qu'elle pourra faire quelque chose pour remédier au piteux état de ma peau. Sans trop y croire, j'accepte de la rencontrer.

Ce médecin d'origine asiatique me met instantanément à l'aise. J'ai le sentiment qu'elle va me comprendre. Elle m'interroge sur la grossesse de ma mère et devine que je suis née par césarienne. Drôle de préambule… Elle me fait beaucoup parler de ma mère. Bizarre : quel rapport avec mon eczéma, docteur ? Mais si, me dit-elle, tout est lié. Lorsque ma mère était enceinte, j'ai absorbé ses angoisses et ses inquiétudes. Mon patrimoine génétique est empreint de cet instinct de survie dont a dû faire preuve ma mère… Je porte en moi ses multiples peurs liées aux traumatismes qu'elle a vécus et dont j'ai hérité. Ce qui explique mon hypersensibilité et mes nombreuses réactions allergiques.

Tout ce qu'elle me dit fait sens. Dès que je vis une séparation, mon eczéma se ravive… Voilà pourquoi ma peau se met en mode incendie à chaque changement dans ma vie !

Il paraît aussi que j'ai développé une forte résistance à la douleur et que je prends trop sur moi. Je résiste car on m'a toujours appris qu'il ne fallait pas faiblir, être forte, tout supporter. Mais je ne vis pas les choses, je les imagine, je les pense. Je ne vois absolument pas de quoi elle parle… mais elle ne me donnera aucune crème, pas de traitement, et terminera la séance ainsi : « Il vous faut seulement comprendre pourquoi vous avez ces crises d'eczéma. La solution est en vous, car le problème est en vous. »

Après ce rendez-vous, j'ai besoin d'appeler ma mère pour lui raconter ce que m'a dit le docteur. Elle est entrée dans une colère noire, se sentant accusée d'être la source de mon eczéma. Et mes plaques ont disparu… du jour au lendemain. Comme si on avait éteint l'incendie.

LET IT BE

En 2007, alors que je travaille au salon Tranoï depuis deux ans, je découvre avec joie que je suis enceinte, nous venons d'acheter notre premier appartement avec Boris, on ne pouvait pas rêver mieux. Bien que chouchoutée par toute l'équipe, ma grossesse évolue au rythme des *Fashion Week*, et c'est avec soulagement que je pars en congé maternité.

Le 22 juin 2008, jour prévu de mon terme, je n'ai pas une seule contraction. On décide de déclencher l'accouchement le lendemain. Après quatorze heures de travail, les médecins procèdent à une césarienne en urgence car mon bébé est en souffrance fœtale. Voici enfin Liam, 54,5 cm et 4 kg, un bébé gigantesque !

Nous passons l'été en famille avec un bébé merveilleux qui ne nous a jamais réveillés la nuit. Une nounou est prévue pour la rentrée, tout est prêt pour mon retour au salon Tranoï : j'ai hâte de retrouver l'équipe ! Avec le recul, je pense que c'était de la folie de quitter mon bébé de deux mois et demi, mais je ne pouvais concevoir de rester plus longtemps à la maison tant mon travail me semblait une priorité…

De retour au salon Tranoï, je déchante rapidement. L'ambiance a changé, les filles de mon équipe se déchirent entre elles, elles jouent leur place et veulent sauver leur peau à tout prix : je déteste ce que je vois et entends, je ne supporte plus l'ambiance pesante qui règne au bureau.

Mon amie Catherine Michiels, créatrice de bijoux porte-bonheur et maître Reiki, me fait alors comprendre que je « pars dans tous les sens ». Il faut réaligner tout ça, sinon mon corps va me lâcher, paraît-il. C'est vrai, ce que je vis ne me convient plus... Quand elle m'offre un pendentif sur lequel est gravé *Let it be*, j'en prends tout à coup conscience. « Que les choses se passent bien ou mal, c'est comme ça qu'elles doivent se passer, me confie-t-elle, et il faut l'accepter ; on comprend souvent *a posteriori* pourquoi c'est arrivé. » Je ne la remercierai jamais assez de m'avoir ouvert les yeux à ce moment précis de ma vie : il me fallait quitter mon boulot de toute urgence.

Chez Tranoï, Michael comprend ma décision. Il sait que je prends tout trop à cœur, que je suis dans l'insatisfaction permanente, jamais sereine. Maintenant que je suis maman, je ne peux plus me permettre de me faire autant de mal. C'est dur, mais je dois partir. Pour aller où, pour faire quoi ? Je n'en ai aucune idée, mais je suis décidée. Je négocie mon départ dans de bonnes conditions, mais je le vis comme un échec.

QUAND LES DÉFAITES S'ENCHAÎNENT

En 2009, le e-commerce commence à prendre de l'ampleur, je rêve de travailler dans ce secteur. Après de nombreux entretiens et rebondissements, je suis embauchée comme acheteuse chez vente-privée.com. Le même jour, une promesse d'embauche et mes indemnités de rupture conventionnelle m'attendent dans ma boîte aux lettres ! Un signe que les choses vont enfin bien se passer ? Ce poste d'acheteuse, c'est le métier dont j'ai toujours rêvé. Et dans une société qui a mis en place un concept spécial et totalement novateur. Mais j'ai la trouille, c'est la première fois que je travaille dans une structure d'une telle ampleur.

Mon travail consiste à négocier le prix des stocks invendus pour les proposer sur le site à moins 60 % minimum. Et ça marche. Très bien, même. Mais les mois s'enchaînent et les journées sont de plus en plus difficiles. Je ne trouve plus aucun sens à mon travail : moi qui défendais le travail artisanal des créateurs, là je vends des stocks bradés… Je ne me sens pas en accord avec ce que je fais, mais je n'ose le dire à personne, tout le monde rêverait d'être à ma place ! Je hurle intérieurement et vis en apnée chaque jour en attendant le week-end. Je sais que je n'ai jamais autant appris, et cette expérience me confirme que j'aime le web, mais me voilà à nouveau perdue.

Comme si nous étions connectés, et alors que j'ai quitté Tranoï depuis un an, Michael m'appelle pour me proposer de développer le site Internet du salon. Je n'hésite pas une seconde et j'embarque avec moi mon amie Jenny dans cette entreprise que j'avais quittée en larmes.

Neuf mois plus tard, nous accouchons du plus beau site de vente de créateurs et la presse est unanime. C'est un petit miracle compte tenu du peu de moyens que nous avions ! Mais à nouveau la joie est de courte durée. Trois mois après le lancement, c'est le coup de massue : la direction nous annonce que c'est fini. Merci et au revoir. Le sol tremble encore une fois sous mes pieds.

C'est un cauchemar ? Je vais me réveiller… Pourquoi faut-il que je collectionne les mésaventures ? Ma vie est un enchaînement de problèmes que j'essaie de résoudre en vain. Je finis toujours au même endroit : nulle part. Non seulement je n'avance pas mais, pire, je fais marche arrière. À nouveau, j'ai honte de mes échecs. C'est toujours la même rengaine : trop d'excitation, trop d'intensité, puis trop de désillusions, de déceptions, de colère. Je suis épuisée.

Mon mari, ma famille et mes amis, comme d'habitude, me soutiennent. Cette fois, cependant, Boris me conseille de me remettre sérieusement en question. Je ne peux plus continuer à faire de mon travail ma seule priorité. La famille a toujours été ma base et le centre de mon équilibre, mais je l'ai oubliée, délaissée. Je décide de me consacrer à Liam, de passer plus de temps avec lui. Depuis qu'il est né, c'est une adorable nounou asiatique qui prend soin de lui à la maison. Je le quitte en pyjama le matin et le retrouve le soir, prêt à se coucher. Juste le temps d'une histoire, et encore… Mère indigne. Je ne suis pas fière du bilan que je dresse, c'est pourtant la vérité. Je n'aime pas la personne que je suis devenue.

Pour me changer les idées, Boris me propose de l'accompagner à New York. Nous n'avons pas un sou de côté et ce n'est pas raisonnable, mais j'accepte. Il a sûrement raison, il me connaît par cœur. Boris et moi sommes ensemble depuis nos dix-huit ans. Nous sommes une parfaite illustration de l'expression « pour le meilleur et pour le pire ». Notre particularité depuis toujours : on se dispute tout le temps ! Mais avec les années les choses semblent s'améliorer.

Je ne suis jamais allée à New York et je dois avouer que Boris en était rentré gonflé d'une énergie incroyable l'année précédente. Pour la première fois de ma vie, je me laisse porter. Je ne prépare rien, de peur de tout gâcher. S'il faut tout changer, autant commencer par ses habitudes les plus tenaces, et la préparation de ce voyage est l'occasion idéale.

UN PEU DE LUMIÈRE

Dès notre arrivée à New York, j'en prends plein la vue : tout ce monde, cette lumière, ces lieux qui m'ont l'air familier... Je me sens déjà mieux ! Pour notre première soirée, nous dînons en amoureux quand Boris, de but en blanc, m'annonce qu'il va nous falloir nous faire une raison, et faire une croix sur un éventuel retour à Paris, chercher un appartement un peu plus loin en banlieue. Cela fait plusieurs mois que nous voulons déménager, mais notre budget est trop serré pour vivre intra-muros. Pourtant, en septembre prochain, Liam entrera à l'école, et celle de notre quartier ne fait pas rêver. Je lève les yeux vers le ciel étoilé de New York et lui dis de me faire confiance, que je ne peux pas l'expliquer mais que je suis sûre qu'on trouvera une solution. Je crois aux miracles !

Quelques heures avant de partir, alors que nous nous apprêtons à quitter l'hôtel, Boris fait défiler les annonces d'appartements sur son mobile et repère un 70 m² dans le XIIIe arrondissement qui rentre dans notre budget. Le rendez-vous est fixé au lendemain, à la descente de l'avion.

Sur place, j'ai tout de suite un gros coup de cœur : il s'agit d'un ancien local de médecine du travail, l'espace est spacieux et très lumineux, il y a de grandes baies vitrées qui donnent sur le parc verdoyant d'une grande résidence. C'est paisible et calme. Avec Boris, on ne se dit pas un mot, mais on sait tous les deux que nous avons trouvé notre chez-nous.

Démarrent alors six mois de péripéties diverses et variées pour monter un dossier et obtenir un crédit... Je vous passe les détails, mais c'est comme si le sort s'était acharné sur nous pendant six mois. Les banques nous lâchent les unes après les autres, chaque nouvelle étape se solde par une déconvenue. De toute ma vie je n'aurai jamais vu autant d'obstacles se mettre en travers de mon chemin que pour l'achat de cet appartement. Quelqu'un de « normal » aurait juste abandonné. Pourtant, après six mois de lutte acharnée, nous obtenons enfin notre crédit tant espéré.

Lorsque Boris et moi emménageons enfin en novembre 2011 dans l'appartement de nos rêves, c'est le début d'une nouvelle aventure. Je crois que c'est précisément à ce moment-là que je me suis dit que tout était possible, mais à condition de s'en donner les moyens et de ne jamais lâcher l'affaire, de surmonter chaque obstacle l'un après l'autre.

ENCORE UN ÉCHEC...

En plein « marasme immobilier », je décroche un CDI grâce à un ami qui me présente à un entrepreneur qui a fait fortune avec l'arrivée d'Internet et qui essaie de lancer une plateforme de produits de luxe. Choquée par l'attitude du personnel de cette entreprise où tout le monde s'entretue en marquant des points comme dans un jeu vidéo, je m'accroche et je tiens bon – même si au fond de moi je hurle – grâce à Bea, mon infatigable optimiste amie espagnole, qui deviendra ma compagne de cellule durant cette période improbable.

L'ambiance est horrible, tout le monde a peur de perdre sa place... j'ai comme une impression de « déjà vu ». Je suis épuisée. Les mois passent, je suis en « survie professionnelle ». Je reste là par confort, pour mon salaire, mais tout ça est absolument vide de sens. Je partirais bien en courant, mais je décide de tenir encore quelques semaines pour avoir droit au chômage en quittant l'entreprise. Serais-je en train de faire preuve de sagesse à bientôt trente-trois ans ?

Les seules personnes avec qui je parle au bureau sont deux hommes qui ont ce projet dingue de concurrencer Google avec Qwant, un moteur de recherche respectueux de notre vie privée : ici, personne ne croit à leur projet, moi je suis sûre qu'Éric et Jean Manuel sont sur la bonne voie, leur idée est prometteuse, j'y crois. Je leur présente même Alberto, qui sera bientôt l'un de leurs premiers investisseurs.

Bilan des courses : je suis perdue, encore une fois. Une ribambelle d'interrogations, aucune réponse, et une angoisse perpétuelle : chacune de mes expériences se solde par un échec… Est-ce que c'est moi qui porte la poisse ou suis-je systématiquement attirée par des sociétés gérées par des boss dingos ? Il y a forcément un truc qui cloche chez moi pour que je me mette dans des situations aussi chaotiques…

L'année la plus longue de ma vie se termine enfin. Voyons le bon côté des choses : j'ai fait d'immenses progrès, mon ancienne moi n'aurait pas tenu plus de deux mois. J'ai pris sur moi, avalé des couleuvres, fermé les yeux et bouché mes oreilles pour ne garder qu'un objectif en tête : préserver ma famille. En termes d'ambition, je ne suis pas au top de ma forme, mais mon nouveau challenge est de trouver ce que je veux faire désormais.

Ma plus grande victoire : j'ai réussi à négocier un licenciement économique. Je suis soulagée. Et surtout, le jour où je quitte l'entreprise, j'apprends que je suis enceinte. Le signe d'une renaissance ? J'oubliais de vous dire : le nom de cette société était : Born…

METTRE EN PLACE DES PENSÉES POSITIVES

C'est à partir de ce moment que je me suis mise à dévorer tous les livres de développement personnel : le pouvoir du moment présent, le pouvoir de l'intention, les accords toltèques... Tous disaient la même chose : ce qui nous arrive est de notre ressort, toutes les ressources, les solutions à nos problèmes sont en nous. Dès que l'on a conscience que nos pouvoirs sont illimités, on est en mesure de faire de sa vie ce que l'on veut et d'être heureux. J'ai commencé à mettre en pratique ce que je lisais et à comprendre que je m'étais enfermée dans un cercle vicieux depuis des années, tournant comme un poisson dans son bocal à répéter le même processus : je donne tout, trop vite, j'en fais beaucoup trop, je m'épuise et je finis par être déçue et tout recommencer à zéro.

J'identifie par ailleurs que ce qui m'empêche d'avancer, de sortir de ma zone de confort, c'est la peur – peur de ce que les autres diront, peur de décevoir. Je me rends bien compte que c'est inconscient : comment changer quelque chose de si profondément ancré en moi ? Si je veux vivre autrement et trouver enfin l'équilibre entre ma vie professionnelle et ma vie privée, entre mon corps et mon esprit, il faut que je change profondément ma façon d'appréhender le monde et les autres, que j'arrête de me positionner en victime des aléas de ma propre vie mais plutôt la diriger.

En découvrant « le pouvoir » de l'intention, du moment présent, ou la parole impeccable, je me rends compte que je fais l'inverse de ce que ces techniques préconisent. Pire, je me retrouve souvent dans les contre-exemples ! Pour ce bébé qui grandit dans mon ventre, pour mon mari et mon fils aîné, je décide qu'il est temps de trouver une solution pour être bien avec moi-même. D'autant plus que je découvre à l'époque que la vie intra-utérine a un impact direct sur le conditionnement physique et moral du bébé.

Pour casser le cercle vicieux, je décide d'abord de faire l'exact opposé de ce que j'ai l'habitude de faire : si on me propose une sortie géniale, je refuse ; au restaurant, je choisis un plat qui ne me tente pas ; quand je dois prendre une décision, j'opte pour le contraire de ce que je pense ; je supprime tout ce qui résonne de façon négative dans ma façon de parler ; je change de trajet dans mes déplacements habituels.

Le plus dur, c'est d'arrêter de penser à ce qu'il pourrait se passer si ça ne marchait pas. D'arrêter de penser à ce qu'il se passera tout court. Je comprends que l'inconnu, le futur occupent beaucoup trop d'espace dans mon esprit et ont un impact anxiogène alors qu'en réalité les trois quarts des scénarios catastrophes que j'imagine n'ont jamais lieu.

Mon esprit est surchargé de pensées négatives, d'inquiétude, de stress... Dépassés par trop d'informations, surchargés inutilement, mon cerveau, mon corps, mon esprit n'arrivent plus à gérer. Je dois faire le ménage dans mon esprit. C'est ma nouvelle priorité.

Contre toute attente, mon « changement » va s'opérer par l'intermédiaire de ma conseillère Pôle emploi, une petite brune souriante et rassurante qui me conseille de retourner à l'école pour apprendre de nouvelles choses et gagner en autonomie. Ensemble, nous choisissons une formation en PAO, de quoi faire un peu de graphisme et pourquoi pas créer des sites Internet, c'est une bonne idée. Ultra excitée par cette nouvelle idée, je décide de m'intéresser en profondeur à Internet et aux réseaux sociaux. J'achète des livres de marketing digital, je lis tout ce qui est en rapport à l'émergence de cette nouvelle culture 2.0. Le monde est en train de changer, il faut que je comprenne ses nouveaux codes et ses nouveaux outils, pour pouvoir me positionner. En 2012, nous sommes à l'aube d'une révolution digitale ; cette fois je veux prendre le train en marche et me constituer la base d'une potentielle offre professionnelle à proposer à mes futurs clients.

Dès septembre, je me retrouve sur les bancs de l'école avec mon gros ventre. Une situation assez improbable sauf que cette fois, c'est moi qui ai choisi les cours et je sais exactement pourquoi je suis là. La classe a l'air sympa, tout le monde est dans un cas de figure un peu similaire : on profite de notre chômage pour développer nos connaissances sur les outils modernes.

Les cours sont intéressants, je me sens comme un poisson dans l'eau avec la pratique de tous ces logiciels et je valide les modules les uns après les autres : Photoshop, langage HTML, WordPress et InDesign. Chaque cours me donne plus d'idées, je suis enthousiaste et j'ai hâte de m'y mettre.

Pour valider la formation, nous devons réaliser un site Internet de A à Z, un exercice pragmatique et proche de la réalité qui me donne l'idée d'en créer un « vrai ». Mais qu'est-ce que je vais y mettre ? Comment je vais l'appeler ? Je n'en ai aucune idée… La seule chose que je sais, c'est que je veux vivre autrement. Mon site s'appellera simplement *The Other Art Of Living* ! Désormais, je vais consacrer tout mon temps et mon énergie à ce projet, ce qui résonne en moi, ce qui fait sens. Il est temps que je réalise mon propre film, que j'en sois l'actrice principale. Je dois penser à moi plutôt que de laisser les autres décider à ma place. Il s'agit de ma vie.

THE OTHER ART OF LIVING : OSER CROIRE QUE TOUT EST POSSIBLE !

Quand je travaillais pour quelqu'un d'autre, j'ai toujours fait mon maximum et rien ne me semblait impossible. Maintenant, c'est pour moi que je vais le faire. Je vais être mon propre client et ma seule priorité. J'ai l'impression d'être à moitié folle et mégalo, pourtant je ne fais qu'appliquer ce que je lis dans mes livres de développement personnel : devenir sa priorité afin d'être maître de son destin, dessiner la vie que l'on souhaite vivre sans laisser de place au hasard.

Mon appartement se transforme en laboratoire de développement personnel : j'achète des tas de livres, je prends des notes, je fabrique des mantras sur Photoshop que j'imprime et colle partout. C'est évident, à force de voir du positif partout, ça va finir par rentrer ! Et d'après mes lectures, le seul moyen de bien se conditionner, de ne pas perdre de vue son objectif, c'est de l'écrire et de l'afficher.

Le mot « gratitude » n'a jamais pris autant de sens. Je crois que j'ai toujours été chanceuse sans jamais le réaliser. Il était temps d'en faire une règle de vie. Une citation de Gandhi me marque particulièrement à l'époque et restera mon mantra à tout jamais :

« Happiness is when what you think what you say and what you do are in harmony. »

Mes derniers mois de grossesse sont assez difficiles, je suis épuisée et très vite essoufflée, j'ai pris 25 kilos et je fais de l'hypertension. Je suis au bord du gouffre.

Je travaille d'arrache-pied à l'ébauche de mon site Internet que mon ami Charles a développé avec l'aide d'un ami. Il est toujours vierge, mais j'ai en tête d'y partager ce que je vois, de parler des gens que je rencontre. L'angle sera simple : tout ce qui contribue à vivre mieux Comment font les gens qui changent de vie ? Quel a été leur déclic ? Qu'est-ce qui les rend heureux ? C'est à la fois si abstrait et si réel. Mais à vrai dire, je crois que je n'ai jamais été aussi fière : c'est la première fois que je fais quelque chose pour moi. Même si mes vieux démons ne sont jamais bien loin – et si ça ne servait à rien ? et si je n'y arrivais pas ? et si je plantais tout, comme d'habitude ? et si je décevais encore tout le monde ? – je reste concentrée, disciplinée et optimiste. Je revois toute ma façon de penser, j'essaie d'appliquer scrupuleusement tout ce que je lis. Je dois aller au bout de ma démarche, tel un petit soldat du développement personnel. Si ça ne marche pas, ce n'est pas grave. Ce qui compte, c'est ce chemin que je suis en train de faire. Dans tous les cas, ça ne peut pas être pire que ces dernières années à pleurer et à vivre dans l'angoisse. Au moins, pas de regrets : j'aurais tout essayé et fait de mon mieux.

J'accouche le 4 février 2013, avec dix jours d'avance, de notre « petit » Aidan de 4,100 kilos qui a décidé d'arriver par voie basse alors que je m'attendais à une seconde césarienne – comme quoi on ne peut jamais être trop sûre de quoi que ce soit ! Ce nouveau départ dans une vie à quatre est épuisant, mais je ne subis pas le stress du retour au boulot : un pas immense dans ma nouvelle existence !

Cette fois, j'ai l'impression d'avancer dans la bonne direction. Je vois du positif partout et à chaque feu vert j'avance avec gratitude jusqu'au prochain : nous obtenons même une place en crèche pour Aidan. Quand la bonne nouvelle arrive par courrier, je n'en reviens pas, mes prières ont été entendues !

Pour ma première publication sur *The Other Art of Living*, Armand Hadida accepte une interview. Je décide de me jeter à l'eau et d'annoncer sur Twitter et Facebook la naissance de ce nouveau site que je couve depuis des mois. Tout est *home made* (fait maison) : le logo, les contenus, les photos. Je fais tout moi-même et c'est bien la première fois que je me sens aussi autonome. Je découvre la liberté de pouvoir écrire et faire ce que je veux ! L'ancienne moi ultra critique et exigeante aurait préféré démarrer avec un site plein de contenus... mais j'arrive à la faire taire.

Je ne comprends pas encore bien tous les rouages – mais j'apprends chaque jour de nouvelles astuces et j'élargis très vite mon réseau. Je me fais des copains virtuels et découvre l'ampleur de ce nouveau mode de communication, la puissance et la force des réseaux sociaux. Le proverbe L'union fait la force n'a jamais pris autant de sens. J'ai bien conscience que nous sommes un peu les cobayes d'un nouveau type de média collaboratif, mais il y a un côté fascinant, un peu comme si le peuple prenait le pouvoir. Les choses sont en train de changer ; ma vie prend du sens, elle me ressemble. J'aspire à plus de simplicité, d'authenticité, et je ne veux plus vivre sous la gouvernance du stress. Je vois que mes actions ont des conséquences concrètes sur ma vie.

Sans aucune pression, je publie sur mon blog des sujets qui m'intéressent, pendant que Liam est à l'école et Aidan à la crèche. Cette période est assez idyllique, je mesure la chance que j'ai. Je me rends compte qu'écrire, faire des compositions photos et rencontrer de nouvelles personnes est ce que je préfère : j'aimerais tellement gagner ma vie en faisant ça !

Sur Instagram, ce réseau qui pointe tout juste le bout de son nez en France, je découvre un univers esthétique qui me fascine. On y trouve des compositions florales, des plats, des lieux, des looks… Les comptes sont tous plus beaux les uns que les autres, on s'y sent comme entre copines et on a l'impression de faire partie d'un même club. Dès que j'assiste à des lancements de produits de grandes marques, à des conférences, j'y publie des photos, et je vois mon nombre de followers se multiplier chaque jour. Je ne sais pas trop comment, mais ça a l'air de marcher !

MA PREMIÈRE BOUGIE CHEZ CHANEL, UN CONTE DE FÉES

En moins d'un an, grâce à plusieurs journalistes et personnalités incontournables des réseaux, mon blog est propulsé dans la cour de grands. Mon compte @ Theotherartofliving est cité régulièrement, partagé des dizaines de fois. C'est une véritable déflagration : mon réseau se développe à la vitesse de l'éclair, rassemblant des femmes qui partagent mes valeurs ! Ma vie prend un nouveau tournant.

Alors que je rentre en pleine forme d'un voyage à San Francisco où j'ai accompagné Boris et ses collaborateurs, que j'y ai visité la fameuse université de Stanford et suivi les traces d'Apple en découvrant la Silicon Valley – mon petit *american dream* à moi ! –, j'ai un déclic : je veux vivre en Californie. Je me donne trois ans : en avril 2017 on revient pour emménager !

Au même moment, j'apprends que Qwant, lancé au moment de la naissance d'Aidan, vient de faire une levée de fonds de plusieurs millions d'euros et que mes deux acolytes sont à la recherche de nouveaux talents : il y a tout à faire, ils me proposent de les rejoindre. En réalité, je ne sais pas trop à quoi je vais servir, mais ils m'assurent que je trouverai mon rôle sur place. Ne pas être embauchée pour un poste précis, sans savoir ce que je vais faire ni quel sera mon salaire ? C'est un job pour moi ! J'ai appris à ne plus faire confiance à 100 % à n'importe qui, on ne sait jamais ce qu'il peut arriver, même à la dernière minute… On verra bien.

S'il y a une chose dont je suis sûre, c'est que mon blog va avoir un an – le temps est passé tellement vite –, un an que j'ai décidé de vivre autrement… ça se fête, non ? Une idée totalement dingue me traverse alors l'esprit : il y a quelques mois, Emma, l'attachée de presse de Chanel, m'avait proposé d'imaginer ensemble un événement dans la boutique éphémère de la rue Cambon : et si je fêtais là l'anniversaire de mon blog ? J'attrape mon téléphone et appelle Emma immédiatement. Au pire, elle dira non. Je me dis que je dois être folle pour oser un truc pareil. Et alors ? Au moins, je n'aurai pas de regrets. Je compose son numéro, elle décroche, et en moins d'une minute je lui déroule mon idée. Est-ce de l'audace, un dédoublement de personnalité ou la grâce qui vient de me toucher ? Qui sait ? Emma trouve l'idée géniale ! Elle doit proposer le projet à sa direction, ils n'ont jamais fait rien de tel chez Chanel, mais pourquoi pas ?

Deux semaines plus tard, Emma m'annonce que la direction a dit oui : nous fêterons en septembre mon premier anniversaire chez Chanel… un nouveau miracle ! J'ai une chance incroyable, et apparemment beaucoup de passions communes avec la légendaire Coco Chanel : la numérologie, l'astrologie, le noir et le blanc, les belles choses, croire en sa chance… Tout cela a participé à la réalisation de ce rêve éveillé.

Chaque événement, chaque étape, chaque difficulté traversée m'ont poussée à oser, à modifier ma façon de penser ou de faire, à me sortir de cette fameuse zone de confort. Je me rends compte que la paix intérieure et l'amour inconditionnel pour mes enfants sont au cœur de mes priorités. Pour être bien dans sa vie, pourquoi s'ajouter des tas de pression et de problèmes inutiles ?

Je repense à la jeune adolescente de banlieue parisienne qui à seize ans rêvait de travailler dans la mode et que tout le monde essayait de dissuader. Elle a eu raison de persister ! Je crois bien que pour la première fois de ma vie je suis fière de moi. À trente-quatre ans. Mais ce n'est jamais trop tard.

C'est à ce moment déterminant de ma vie que j'ai décidé d'arrêter de me mettre mes propres barrières et de douter en permanence. Pour réaliser mes objectifs, je devais me faire confiance et tout mettre en œuvre pour réaliser mes rêves. Je devais honorer la chance que j'avais eue d'en arriver là et continuer à provoquer et entretenir cette chance. Ma seule obsession : avancer et aller mieux. Arrêter de me plaindre, de stresser en permanence et arrêter de perdre du temps. Ma vie était devenue ma propre start-up, ma seule priorité.

Ces dernières années m'avaient appris à faire quelque chose de nouveau : écouter mes intuitions, me faire confiance. Jamais je ne m'étais sentie aussi vivante et en forme, j'avais enfin l'impression d'une cohérence très forte entre ce que je pensais, ce que je faisais et ce que je disais.

EN ROUTE VERS LA LIBERTÉ

L'année 2015 commence en fanfare. Mon compte Instagram, sélectionné par l'équipe Instagram France, est mis en avant pendant quelques semaines, et c'est comme un nouveau miracle : il passe de 8 000 followers après un an d'existence à 32 000 ! « Je commence à peser dans le game », comme disent mes petits cousins !

Et surtout chez Qwant, je deviens responsable de la création, et mon premier chantier est l'image du site, le logo... Après un sacré bras de fer et à ma grande surprise, mes responsables me laissent faire. Ce nouveau site est un véritable succès et marque un nouveau tournant pour l'entreprise. À partir de ce moment, on commence à vraiment m'écouter.

J'ai l'impression d'avoir enfin trouvé l'équilibre dans ma vie : mon blog me permet de faire des rencontres et de rester dans l'air du temps, et tout ce que je hume dans l'air m'aide et me donne de nouvelles idées pour Qwant dont j'ai rejoint l'équipe depuis septembre – au lendemain de ma soirée de conte de fées chez Chanel ! Certes, je m'étais promis de ne plus jamais accepter de CDI, mais ce projet est tellement prenant et passionnant que je ne peux pas passer à côté, moi qui ai toujours rêvé de participer aux débuts d'une belle *web success story*. Je suis nommée *Chief Good Mood Officer* (responsable de la bonne humeur), car j'essaye toujours d'égayer l'ambiance et de trouver des choses qui donnent du courage à l'équipe sous pression : j'adore cette idée !

Alors que j'ai l'impression que tout va bien, mon corps m'envoie des signes : de grosses plaques d'urticaire géantes apparaissent puis disparaissent... Il y a certainement un lien entre le corps et l'esprit que je refuse de voir. En tapant les symptômes qui m'assaillent depuis quelques jours à heure fixe – si, si, je vous promets ! –, je comprends que « je me fais des montagnes de rien » et que je souffre de « peurs cachées »[1]... Et je complète mon propre diagnostic en compulsant *Le Grand Dictionnaire des malaises et des maladies* de Jaques Martel[2], mon livre de chevet : « J'ai besoin de l'attention des autres, mais je ne supporte pas leurs critiques. Si je souffre d'urticaire, je suis très probablement une personne hypersensible vivant beaucoup de rejet. Je n'aime pas l'individu que je suis et ma crainte d'être blessée est si forte que pour être aimé je fais les choses en fonction de ce que les gens attendent de moi. » C'est exactement ça : j'ai peur une fois de plus de ne servir à rien, d'être la dernière roue du carrosse dans cette entreprise

1. Chemindelalumière.com
2. Éditions Quintessence, 2007

où seule la technologie compte alors que mon rôle est de rendre le site « joli »... Stop ! Si j'ai été embauchée, c'est bien qu'on croit en moi et qu'on me fait confiance...

Le pouvoir de l'esprit sur le corps est formidable, c'est dingue le mal qu'on est capable de se faire. Mais la bonne nouvelle, c'est qu'on est en mesure d'y mettre un terme tout seul car il y a une véritable interaction entre le corps et l'esprit. Un immense terrain de jeu s'ouvre à moi avec cette découverte. J'ai encore beaucoup à apprendre.

Côté vie privée, un gros coup dur me fait tomber à la renverse. Alors que je viens de rentrer d'un salon au Brésil où je n'ai pas fermé l'œil pendant cinq jours, j'apprends que ma grand-mère chérie est hospitalisée. Son cœur lâche, elle ne se remettra pas. Lorsqu'elle rend son dernier souffle, c'est un choc. J'ai l'impression que rien n'est plus pareil, il me manque quelque chose.

Deux jours plus tard, je décide de maintenir un événement prévu depuis des semaines, une rencontre entre entrepreneuses créatives autour d'un brunch. Je ne suis pas sûre d'y arriver, mais ma famille me pousse à le faire et je sais que Mamie n'aurait pas aimé que je laisse tomber. Finalement, ça me fera du bien de voir un peu de monde.

C'est lors de cet événement que je rencontre Clarisse, directrice de La Boutique RP – l'agence de presse la plus audacieuse de Paris ! – : je suis à peu près certaine que c'est ma grand-mère que me l'a envoyée ! C'est une magicienne…

PLACE AUX *GOOD MOOD CLASS*

À la rentrée 2016, je suis en pleine déprime. Notre *road-trip* en Californie a mal tourné : Boris est tombé malade et il a changé d'avis, il ne veut plus vivre là-bas, il ne voit pas les enfants y grandir… Notre projet est en train de partir en fumée, je suis folle de rage.

Prenant la mesure de mon désarroi, mon amie Clarisse me dit d'arrêter de pleurnicher et me pousse à organiser le troisième anniversaire du blog, et ça tombe bien, elle a trouvé un hôtel parfait pour recevoir mes lectrices. Je lance un concours pour faire gagner trente places. Des femmes des quatre coins de la France confirment toutes leur participation ! Je n'en reviens pas. Pour les remercier de leur présence, j'aimerais que notre rencontre leur apporte des astuces pour aller mieux : si elles suivent mon blog, c'est qu'elles sont, comme moi, attirées par tout ce qui contribue à leur bien-être… C'est vrai que je reviens de loin, que j'ai franchi quelques étapes. Si ça a fonctionné pour moi, ça pourrait marcher pour elles aussi…

Je décide alors d'inviter à cette réunion les personnes qui m'ont aidée à aller mieux. On pourrait y inclure un peu de musique et de danse, des bonnes choses à manger… En y mettant tous mes ingrédients préférés, ça ne peut donner que le meilleur des anniversaires, non ?

Branle-bas de combat, je mets en place un vrai plan d'attaque. Mon ami et ancien boss Michael viendra nous parler du « kiff », sûrement ce que j'aurais appris le plus à ses côtés, ce garçon est un vrai soleil, la joie incarnée. S'il y a quelqu'un qui sait profiter de la vie, de l'instant présent, c'est bien lui. Tsteten, docteur en médecine traditionnelle tibétaine, nous expliquera la force de la respiration. Et Zak, l'ami danseur et crocheteur rencontré sur Instagram, nous apprendra à aimer notre corps. C'est un vrai soleil, la joie incarnée. Je ne sais pas ce que ça donnera, mais je veux que les gens passent un bon moment tous ensemble et qu'ils repartent avec des étoiles dans les yeux.

La veille de l'anniversaire, mes cousins arrivent en renfort pour m'aider à tout mettre en place à l'Hôtel Arvor : Symoran, Sonarine, Caroline, Roland, Valérie. Il faut préparer la salle, organiser la déco. Sur une *light box*, un peu par hasard, je décide d'écrire *Good Mood Class* en lettres lumineuses : on sera tous là pour apprendre et faire des choses qui nous mettent de bonne humeur, et puis c'est une façon d'officialiser mon titre au bureau !

Le lendemain matin, l'excitation est à son comble dès 7 h 30 : une véritable brigade se met en place pour gonfler les ballons, organiser l'espace, cuisiner... Comme il n'y a pas assez de chaises pour tout le monde, on s'installe sur des coussins Janini (prêtés par mon amie Usha), au milieu des bouquets de fleurs et des bougies Jo Malone. Une ambiance cosy, comme à la maison, tout ce que j'aime. Ma copine Alix Petit confectionnera même des badges souvenirs de cette journée.

La matinée s'enchaîne dans la bonne humeur, nous chantons tous ensemble *Love is all* comme si nous étions sous l'emprise de substances illicites – je vous promets, il n'y avait rien dans les cookies ! Impossible de décrire ce qu'il s'est passé, mais je retiens les sourires, les éclats de rire, la musique, un moment de grâce et de communion indélébile autour du partage.

Lorsqu'arrive le moment de se quitter, les participants me demandent tous quand aura lieu la prochaine *Good Mood Class*... Mais je n'en sais rien, c'était juste un anniversaire. L'année prochaine, peut-être ? C'est Boris le premier qui a l'idée d'en organiser une autre. Bientôt. Je poste une photo de l'anniversaire sur Instagram et propose l'idée. Des centaines de messages me parviennent : ils veulent tous que j'organise une *Good Mood Class* dans leur ville… ils ne savent même pas de quoi il s'agit ! Décidément, je vais de surprise en surprise avec Instagram.

Finalement, c'est à Lyon qu'aura lieu ce deuxième événement. Solenne, la directrice des hôtels Okko, me propose de nous accueillir pour l'occasion (et pour d'autres à venir) et une première date est fixée pour le mois de mars. Mais comment tout cela est-il arrivé aussi vite et si simplement ?

APPRENDRE À ÉCRIRE SA PROPRE HISTOIRE

Chez Qwant, on prépare la plus grosse levée de fonds de l'histoire de la start-up. Autant dire que ça ne rigole plus du tout. On marche sur des œufs, tellement tout le monde a les nerfs à vif. Mon eczéma revient en flèche, je ne me sens plus à ma place… À peine arrivée au bureau, j'ai déjà envie de repartir. L'ambiance n'est plus la même, de nouvelles têtes arrivent par wagons. Ce n'est plus le petit moteur de recherche auquel personne ne croyait, sans moyens mais avec des gens qui partageaient les mêmes valeurs, soutenaient des idéaux. Je crois que la suite de l'histoire de l'entreprise devra s'écrire sans moi… Et ça va se confirmer très vite.

Alors que je rentre d'un énième voyage aux États-Unis, particulièrement épuisée, j'ai une boule au ventre, le cœur qui palpite, un mauvais pressentiment. Le décalage horaire, sans doute. Les enfants m'attendent à la maison, c'est ma mère qui les garde. Comme je m'apprête à pousser la porte de chez nous, j'entends Aidan hurler de l'autre côté. J'entre en trombe dans l'appartement et trouve ma mère assise par terre dans la salle de bains, Aidan debout dans la baignoire. Elle arrose doucement une grande tache rouge sur le haut de sa cuisse que je devine sous le jet d'eau. Mon fils, mon bébé a la peau à vif. J'ai l'impression que le monde s'écroule sous mes pieds. Sous le choc, je comprends aux balbutiements de ma mère que c'est une bouillotte qui est à l'origine de la brûlure.

Reprenant mes esprits, j'appelle les pompiers, ils me promettent de faire au plus vite. Les cris de douleur d'Aidan me déchirent le cœur. Il doit avoir si mal. Les pompiers arrivent, le prennent en charge et l'emmènent avec une douceur infinie à l'hôpital Trousseau. Là-bas on lui administre tout ce qu'il faut pour le soulager et le soigner. Il se calme. Après examen, la brûlure s'est arrêtée, ça aurait pu être pire. À peu de choses près, c'était la greffe. Je suis soulagée. Merci, tout le monde, là-haut ! Dieu,

Boudha, Mamie, l'Univers. Le pire est derrière nous et nous avons eu beaucoup de chance. Mais j'ai pris un sacré coup au moral.

Comme si l'histoire se répétait encore, la deuxième *Good Mood Class* doit se tenir à Lyon quelques jours plus tard. La dernière fois, il y a exactement un an, je venais de perdre Mamie, et maintenant je suis à l'hôpital auprès de mon fils… Mais Aidan est tiré d'affaire : je vais le faire, cet événement, et on va tout déchirer !

À Lyon, l'humeur est au beau fixe et l'organisation de notre événement impeccable avec l'équipe de l'hôtel Okko. Cette petite escapade prend des airs de colonie de vacances et la magie opère sous nos yeux. Les sourires se dessinent sur toutes les lèvres et nos participantes – il y en a plus de cinquante, cette fois ! – ont les yeux qui brillent. On partage des anecdotes, on chante, on danse, on ne change pas une équipe qui gagne, et ça marche !

À mon retour, je suis contente de retrouver ma famille. Comme quoi, les choses simples sont les meilleures, et les choses essentielles sont les plus simples : la famille, la santé. C'est quand on a peur de perdre quelque chose que l'on se rend compte à quel point c'est précieux. Au final, on n'a rien perdu, mais la vie ne nous envoie jamais de petits signes sans raison. Quand ça se passe ainsi, c'est qu'un petit rappel était nécessaire…

Nous sommes en avril 2017, la date à laquelle je rêvais d'emménager en Californie. Le projet a été légèrement modifié : nous venons d'acheter une maison de campagne en Normandie, Romain a la bonne idée de dire qu'elle est Cali-Mandie.

J'ai envie de continuer à m'écouter et de me faire confiance : je vais quitter Qwant, monter ma boîte pour me consacrer aux *Good Mood Class* et développer ma méthode bonne humeur auprès du grand public. Et pourquoi pas à destination des entreprises… s'il y a bien un lieu qui a besoin de bonne humeur, c'est celui-là !

DON'T STOP ME NOW !

Quelques mois après la création de mon entreprise, c'est la SNCF, la première, qui fait appel à mes services pour redonner confiance à une équipe qui vient d'apprendre la fermeture de son service… Des hommes, essentiellement, et de plus de quarante ans. Comment parler à cette cible qui ne me connaît pas ? Je vais me mettre à leur place, essayer de trouver des pistes sur lesquelles m'appuyer. Miracle : tout se passe mieux que prévu, les participants sortent de TGMC gonflés à bloc et blindés d'optimisme.

Un mois après, lorsque l'agence Nelly Rodi me propose d'intervenir pour leur séminaire, j'accepte immédiatement. Mais comment ne pas douter face à ces consultants pointus qui définissent les tendances sociétales des prochaines années ? Pour la première fois, je décide d'écrire. Je réfléchis à 5 points fondamentaux qui m'ont particulièrement touchée et aux sujets récemment abordés lors des TGMC précédentes, qui parleront à tous et que tout le monde pourra utiliser.

Je pense logique, pragmatique, universel et facile, et après plusieurs jours à mixer mes connaissances en développement personnel avec ma propre expérience et les premières *Good Mood Class*, je détaille sur une feuille une méthode en cinq étapes :

1. La posture
2. La respiration
3. L'instant présent
4. La pensée positive
5. L'acceptation

Je suis entourée de mes cousins et de mon fidèle ami Zak, l'équipe change, s'agrandit, on apprend, on rigole, parfois on se fait des frayeurs, mais quoi qu'il arrive, l'objectif du départ reste intact : on continue à s'amuser et à partager notre aventure avec de plus en plus de personnes. J'ai la chance de faire de très belles rencontres et l'activité démarre plutôt bien. Paris, Nantes, Strasbourg, Lille… on commence à se déplacer partout.

En août 2018, à la suite d'un désaccord avec mes musiciens, j'accueille trois nouveaux membres dans l'équipe : Pauline au chant, Aurélien à la guitare. Mais surtout, mon cousin Phyrum (mon filleul, que j'ai vu naître). Il est venu m'accompagner dans l'aventure et à partir de ce moment ça m'a clairement changé la vie car je n'étais plus seule au four et au moulin, et sans le faire exprès, je répétais le schéma de mes parents en travaillant avec la famille ☺.

Ce changement imprévu, qui aurait pu être une difficulté, s'est transformé en nouvel élan d'énergie. Chaque nouveau membre trouve naturellement sa place mais surtout, apporte son expérience à l'aventure !

Pour le deuxième anniversaire des *Good Mood Class*, j'ai le projet fou d'emmener mon équipe à New York en novembre 2018. Peut-être pas si fou, au fond, puisque ce sont finalement deux TGMC qui ont lieu là-bas coup sur coup ! Et comme si ça ne suffisait pas, au retour des États-Unis, nous sommes invités à clore un événement grandiose : le TED x Woman ! On foule la scène du théâtre Mogador devant mille cinq cents personnes, c'est magique ! Comment ne pas avoir envie de crier au monde entier, comme Freddy Mercury : *Don't stop me now !*

Encore une fois, le succès est au rendez-vous, je n'en reviens pas. L'équipe de Nelli Roddi me pousse et m'encourage à continuer, ils proposent même des TGMC à leurs clients ! Ça marche même en entreprise, même avec des gens qui ne me connaissent pas !

Et que dire de notre troisième anniversaire qui s'est tenu à Los Angeles, ma ville de cœur, capitale du *wellness*… Ce lieu à l'énergie incroyable où j'ai eu la chance de rencontrer Diana Winston, la directrice du Mindful Awareness Research Center d'UCLA[1], qui interviendra dans la TGMC Malibu. À mes yeux, cette femme est la Madonna du développement personnel !

Quand on me demande ce que je souhaite pour la suite, je rêve que tout le monde connaisse et pratique les cinq points clés comme on dit bonjour, merci, ou au revoir. J'aimerais que chacun sache qu'il/elle a le pouvoir, à tout instant, de tout changer.

Je ne sais pas ce que l'avenir nous réserve, je sais que ce ne sera pas toujours facile et qu'il y aura des obstacles tout au long du chemin, mais je sais que, quoi qu'il arrive, je ferai de mon mieux, et qu'il se passera ce qu'il doit se passer.

1. UCLA : Université de Californie, Los Angeles

Nous avons aujourd'hui plus de cinquante *Good Mood Class* à notre actif, qui déclenchent toujours autant de joie tant du côté de l'équipe que des participants, et rien que cela, c'est extraordinaire. Rien que d'y penser, je me sens mieux.

Merci à la vie. Merci à vous. Merci à toutes celles et ceux qui ont décidé de faire bouger les choses. Merci et bravo à toutes celles et ceux qui ont osé initier une *Good Mood Class* dans leur entreprise, car comme l'a dit Mark Twain :

> « **Ils ne savaient pas que c'était impossible, alors ils l'ont fait.** »

The Good Mood Class c'est l'histoire d'une communauté qui a décidé de vivre mieux. Petit à petit, un pas après l'autre, en faisant de son mieux, et ensemble afin de créer un impact positif.

LA BONNE HUMEUR EN CINQ POINTS CLÉS

Vous le savez maintenant, jamais je n'aurais imaginé, il y a seulement quelques années, faire ce que je développe aujourd'hui. On me dit souvent que j'ai écouté mon instinct ou mon intuition… Mais j'ai plutôt cherché à fuir par tous les moyens ce qui m'épuisait et n'avait pas de sens. Ce que je ne supportais plus et qui ne me rendait pas heureuse. J'ai mis fin à une vie qui n'était que stress, déceptions et sauts d'obstacles pour oser enfin faire quelque chose pour moi.

Lorsque j'ai décidé de me lancer à 100 % dans l'aventure entrepreneuriale des *Good Mood Class*, ce n'était pas la première fois que je sautais du bateau, mais cette fois je savais que jamais plus je ne reprendrais le chemin d'une entreprise : je ne voulais pas laisser la moindre chance à mon esprit de penser à cette éventualité !

Et ce qui a fondamentalement changé, c'est que j'ai arrêté de m'inquiéter pour ce qu'il pourrait se passer. Mon seul objectif était de trouver MA voie ; ma seule obsession, m'amuser, être créative et la satisfaction de mes clients pour le travail fourni ; mon seul moteur, la confiance en soi. Je me suis fait la promesse de ne pas me laisser polluer par la peur, le doute ou des pensées toxiques susceptibles de me porter préjudice. Et pour la première fois de ma vie, j'ai décidé de me faire confiance.

Mes objectifs et mes priorités ont changé, donc forcément ma vie a changé. J'avance plus doucement, un pas après l'autre, je teste, et si je me trompe, ce n'est pas grave, j'apprends. À chaque nouvelle étape, chaque décision importante, j'écoute mon intuition.

Cette méthode, ce n'est pas juste le reflet de mon histoire. *The Good Mood Class*, c'est l'histoire de toute une communauté qui a décidé de vivre autrement, de faire changer les choses en réactivant la bonne humeur, autant à son petit niveau qu'à un niveau collectif.

Lorsque l'on est de bonne humeur, on fait les choses avec plaisir, on s'amuse, on se sent bien, le temps passe plus vite et on sent une énergie positive se propager au sein du groupe. À l'inverse, lorsqu'on est de mauvaise humeur, on fait mal les choses, on s'ennuie, on risque de faire des erreurs, de stresser, d'être en colère et frustré(e). La bonne humeur, c'est bon pour la santé !

Évidemment, il n'est pas possible d'être tout le temps de bonne humeur ; la vie n'est pas un long fleuve tranquille, et il y a des obstacles tout le long du parcours. Mais c'est nous qui avons notre vie en main et les clés pour nous adapter, travailler notre souplesse et notre flexibilité face aux aléas de la vie. Pourquoi ne pas envisager le meilleur plutôt que le pire ? Partons du principe que la vie est belle, que les choses vont bien se passer, et elles auront plus de chance… de bien se passer !

La base de tout, c'est de prendre conscience que le corps et l'esprit sont liés : l'un ne va jamais sans l'autre. Autrement dit, quand on est bien dans sa tête, on est souvent bien dans ses baskets, et vice versa. À nous d'écouter avec attention le dialogue permanent entre ces deux parts de nous-même. Notre corps est notre meilleur ami, il ne ment pas, ne se trompe jamais, et tout ce qu'il nous dit c'est pour notre bien. Si on apprend à l'écouter, on pourra corriger le tir et avancer dans la bonne direction.

C'est pourquoi les cinq points de ma méthode sont directement en lien avec cet équilibre : adopter une bonne posture, apprendre à respirer pour oxygéner son corps et son cerveau, vivre le moment présent, développer la pensée positive, et découvrir les pouvoirs de l'acceptation, voici autant de pistes pour être plus forts et plus souples, flexibles, afin de ne pas « casser » face aux obstacles rencontrés mais plutôt s'adapter aux situations changeantes de notre monde qui évolue en permanence.

Chaque obstacle, chaque épreuve, chaque difficulté doivent être traversés et vécus afin de comprendre quelque chose sur soi-même : des erreurs naissent des apprentissages indispensables. J'ai eu la chance de faire beaucoup d'erreurs, il n'y a pas mieux pour apprendre. Si un problème est récurrent, cet obstacle reviendra sans arrêt jusqu'à ce qu'on le dépasse pour pouvoir reprendre le bon chemin.

Plutôt que se demander pourquoi telle ou telle situation ne s'est pas déroulée comme prévu et de rester agrippé au passé, à ruminer du négatif – et à immanquablement attirer du négatif – accepter que les choses se passent comme elles se passent permet de devenir plus fort, d'avancer, de ne faire qu'un avec la réalité.

Accepter cela, se dire qu'à tout instant il est possible de changer le cours des choses en étant ici et maintenant, dans une posture d'accueil, c'est devenir acteur de sa propre vie, libre dans sa tête et dans son corps.

Bon, on va quand même remettre les choses dans le contexte. Les 5 points clés, vous les connaissez tous, ils sont aussi basiques que le sont les œufs, la farine et le chocolat dans une une recette de gâteau. Basiques mais essentiels : sans eux, pas de gâteau ☺.

L'objectif de ces 5 points : optimiser tous les paramètres et se conditionner afin que tout se passe le mieux possible. Transformer le négatif en positif.

La vie n'est pas un long fleuve tranquille, c'est donc à nous de nous préparer, d'être fort pour surmonter les difficultés ; d'être souple afin de s'adapter aux nouvelles situations.

La bonne nouvelle : le mot « problème » existe parce que le mot « solution » existe. En grec, *problemas* signifie « aller vers la solution ». Chaque problème a une solution. Ce n'est pas parce qu'on ne la voit pas qu'elle n'existe pas. S'il n'y a pas de solution, c'est qu'il n'y a pas de problème. CQFD.

Si tu te dis que tout va bien se passer, il y a plus de chances que tout se passe bien.

CLÉ N° 1

LA POSTURE

Le socle de notre bien-être

Chaque jour, nous faisons face à des situations diverses qui nous obligent à adapter notre posture : marcher, courir, faire du sport, se présenter à quelqu'un, se coucher… Cette posture est le socle de notre bien-être, qui détermine et conditionne notre façon d'avancer sur le plan physique comme dans toutes les facettes de notre vie.

Assis, debout ou allongé, il existe de bonnes postures à adopter, qui ne sont hélas pas celles que nous choisissons généralement. Enfant, nous avions tendance à bien nous tenir naturellement, mais nos modes de vie, la fatigue, le stress, les heures passées assis derrière un bureau ou la tête baissée et les yeux rivés sur l'écran de nos smartphones créent au fil du temps des asymétries et des tensions au niveau de nos cervicales et de nos articulations qui s'installent durablement.

C'est d'autant plus vrai pour les femmes qui portent à l'épaule un sac à main…

Sans nous en rendre compte, nous compensons en nous penchant d'un côté plutôt que de l'autre pour ne pas avoir mal, en crispant un membre ou un autre un peu plus, jour après jour. Nous prenons l'habitude de vivre avec ces déséquilibres qui, plus ou moins rapidement, se rappellent à nous par des douleurs parfois très vives, voire nocives. Plus nous tardons à rectifier notre posture, plus il est difficile d'y remédier une fois qu'elle est inscrite en nous.

Le corps possède une mémoire et enregistre toutes les informations, les bonnes comme les mauvaises : à vous de lui inculquer les bonnes ! Vous aurez ainsi un bon équilibre et vous vous tiendrez correctement dans n'importe quel contexte.

Lors de ma première grossesse, j'avais pris vingt-cinq kilos. Mon ventre imposant entraînant mon poids vers l'avant, je devais constamment faire des efforts pour ramener mon corps vers l'arrière et trouver une stabilité, forçant ma cambrure naturelle sans en avoir conscience. Après la naissance de mon fils, je ne savais plus comment me tenir, j'avais perdu mes repères dans l'espace. Il m'a fallu l'aide d'une thérapeute en rolfing *(une technique à mi-chemin entre le massage dynamique et l'ostéopathie qui soulage et éduque le corps à travers des exercices et des massages dynamiques qui permettent le décollement des tissus musculaires et la rééducation posturale), pour comprendre que je me tenais voûtée, le bassin en avant, très loin de ma posture d'autrefois.*

UN ÉQUILIBRE À TRAVAILLER CHAQUE JOUR

Il est important de comprendre qu'une bonne posture permet à notre corps et à nos organes de fonctionner correctement. C'est de cette façon que le sang et l'énergie circulent et oxygènent notre cerveau. Une mauvaise posture entraîne des blocages et des tensions, le sang et l'énergie ne circulent pas selon leurs pleines capacités, et notre cerveau n'est pas bien oxygéné. Nos capacités sont moindres, nous commettons des erreurs, faisons de mauvais choix qui peuvent entraîner de la déception, de la frustration, du stress…

Indissociable de notre équilibre, une bonne posture fait le lien entre le corps et l'esprit. C'est elle qui nous permet de bien avancer.

Tout le monde sait comment « bien se tenir ». D'ailleurs, il suffit d'en parler pour qu'instinctivement, nous nous redressions ! Pourtant, nous avons mille raisons d'oublier de nous tenir droit et la posture ne fait généralement pas partie de nos priorités, tout simplement à cause de la fatigue, de nos vies mouvementées, de l'absence de prise de conscience.

Compte tenu des bénéfices importants, cruciaux même, d'une bonne posture, nous avons intérêt à bien nous tenir en toutes circonstances. Si nous ne réussissons pas à mettre en pratique cela tout le temps, en avoir conscience est déjà un premier grand pas en avant. Tout se travaille et s'améliore petit à petit, ce n'est pas du jour au lendemain qu'on corrige sa posture, mais en y pensant le plus souvent possible dans la journée.

- **Prenez quelques minutes** pour réfléchir à la façon dont vous vous tenez sur votre chaise de bureau, quand vous marchez et que vous êtes pressé(e), debout dans les transports en commun, assis(e) dans votre canapé...
- **Comment décririez-vous votre posture de manière générale ?** Regardez-vous dans un miroir et observez la personne que vous avez face à vous. Mettez-vous de profil, quelle image vous renvoie-t-elle ?
- **Le plus souvent possible, redressez-vous,** abaissez vos épaules : peu à peu, cette habitude s'inscrira dans votre quotidien.

LA TÊTE ET LE CORPS NE FONT QU'UN

Notre corps et notre esprit sont connectés en permanence. Mieux encore : notre esprit dicte à notre corps tout ce qu'il doit entreprendre. Lorsque ce phénomène fonctionne de manière inconsciente, le corps ne nous trahit pas et révèle au contraire des choses que notre esprit refuse de voir…

Vous avez sans doute remarqué que lorsque vous êtes bien dans votre tête, vous vous sentez en forme physiquement. Le contraire est tout aussi vrai : lorsque vous ne vous sentez pas très bien physiquement, c'est que, probablement, vous avez des soucis. Nous pouvons pendant un certain temps ne pas y penser, faire comme si tout allait bien, mais notre corps, lui, ne nous trahit jamais. Une douleur, une tension, un blocage ou un autre mal peuvent venir s'installer dans notre corps.

Même si nous ne voulons pas toujours le reconnaître ni l'admettre, nos émotions s'expriment, elles se manifestent physiquement et viennent parfois se loger dans telle ou telle partie de notre corps. Si nous ne sommes pas en accord avec ces émotions, elles se bloquent là où elles se trouvent jusqu'à créer une douleur.

Au-delà de la logique et du rationnel, tout est lié entre notre corps et notre esprit. L'emploi d'une expression comme J'en ai plein le dos parce que nous rencontrons des problèmes au travail ou dans notre vie privée et que nous avons mal au niveau des lombaires ou de nos épaules crispées est bien la preuve que notre corps nous envoie un message, non ? En parlant ainsi, nous mettons des mots sur nos maux. Chaque partie du corps correspond à un message ; décoder ce langage nécessite d'en avoir les clés.

Quoi qu'il en soit, consultez toujours un médecin. Car la douleur est réelle, souvent bien installée et il faut la traiter. Si vous voulez qu'elle disparaisse définitivement, vous devez trouver sa source, souvent d'origine psychique.

Notre corps est notre meilleur ami, c'est lui qui nous envoie les signes qui vont nous aider à (re)trouver le bon chemin, la bonne posture.

APPRENEZ À ÉCOUTER VOS MALADIES (« Mal-a-dit »)

Vos douleurs physiques correspondent bien souvent à des maux psychiques

- Vous avez mal au ventre : y a-t-il quelque chose que vous n'auriez « pas bien digéré » ? Y a-t-il quelque chose qui vous « gonfle » ?
- Vous avez mal à une dent : auriez-vous « une dent contre » quelqu'un ? Ou avez-vous l'impression de vous être « cassé les dents » sur quelque chose ?
- Vous avez mal à la gorge : y a-t-il quelque chose que vous n'arrivez pas à dire ? Avez-vous vécu un événement qui vous « reste en travers de la gorge » ?

- Vous avez mal à la tête : avez-vous l'impression de ne pas vous en sortir, de vous faire « des nœuds au cerveau » ?

ÊTRE EN ALIGNEMENT AVEC SOI-MÊME

L'expression « être en bonne ou mauvaise posture », en politique, en amour ou lors d'une compétition sportive illustre bien l'importance de se tenir au bon endroit au bon moment dans chaque situation de la vie. Pour atteindre ses objectifs, réaliser ses rêves, adopter la bonne posture est indispensable. Elle nous permet d'être aligné avec nous-même, en accord avec nos valeurs et nos émotions.

Il existe presque autant de postures que de situations, et elles peuvent évoluer selon la journée, le lieu, les circonstances, notre métier. La posture n'est pas seulement physique. Elle peut être aussi mentale et concerner nos comportements.

Elles sont aussi propres à chaque discipline : la bonne posture que doit adopter un cavalier sur son cheval n'est pas la même que celle qui sera conseillée à un pianiste, un yogi, une danseuse classique, un militaire au garde-à-vous ou un adepte des arts martiaux. Dans chaque discipline, la posture revêt une grande importance dès l'apprentissage des premiers mouvements.

Petite, je prenais des cours de tennis et je me souviens de ce que le professeur me disait : « Fais preuve de souplesse mais sois résistante car la balle peut partir à droite ou à gauche. Si tu reviens systématiquement au centre, tu as plus de chance de la rattraper, tu perds moins de temps, tu te fatigues moins. Tu es là où il faut être ! » Même chose pour la boxe, que j'ai un peu pratiquée : il faut se tenir prêt à protéger son visage, faire preuve de souplesse et d'agilité pour éviter de tomber et se relever, le cas échéant, le plus vite possible.

Aujourd'hui, en pratiquant assidûment le yoga ashtanga, j'apprends à synchroniser ma respiration (pranas) avec mes postures (asanas) pour améliorer mon bien-être physique et mental et accéder au dépassement de soi. Ce que j'aime à travers cette discipline, c'est qu'on travaille notre résistance physique ainsi que notre souplesse : c'est exactement ce dont on a besoin pour affronter les obstacles que la vie peut nous réserver. Il nous faut de la force pour endurer, de la souplesse pour s'adapter.

Notre posture s'adapte en fonction de nos activités, mais elle exige toujours de nous une certaine rigueur. Elle se travaille et se modifie avec de la patience et de l'assiduité afin de porter une activité ou un art à son maximum. Notre posture est notre tuteur dans chaque étape, dans chaque mouvement de notre vie.

NOTRE FAÇON DE SE PRÉSENTER AU MONDE

Notre posture est le reflet de ce que nous ressentons mais aussi de ce que nous désirons montrer aux autres. Elle est notre image, celle que nous donnons à voir à l'autre avant même de parler.

Bien sûr, nous souhaitons être perçu par notre interlocuteur le mieux possible, nous voulons nous montrer sous notre meilleur angle. Or, notre posture n'est pas forcément à notre avantage…

Selon la posture que nous arborons, la perception d'autrui diffère et avec elle la façon dont il nous juge de prime abord et communiquera par la suite avec nous.

Croyez-moi, avec la même tenue, les mêmes chaussures et la même coiffure, vous présenter la tête haute, le dos droit et la poitrine bombée ne fera pas de vous la même personne que si vous arrivez le dos voûté, la tête baissée et les épaules en avant…

En nous tenant correctement, nous nous accordons toutes les chances de nous montrer sous notre meilleur jour et de faire bonne impression à notre interlocuteur. Notre posture est notre carte d'identité : au même titre que notre façon de nous habiller, notre maquillage et notre langage, elle fait partie de l'image que nous renvoyons aux autres.

Nous devons avoir à cœur, à travers notre posture, de montrer le meilleur de nous-même, en parfaite cohérence et en équilibre avec ce que nous sommes vraiment.

LA RÈGLE DES 3 V

Albert Merhabian, professeur en psychologie sociale à l'Université de Californie, est l'auteur de la « règle des 3V »[1]. Selon lui :

- 7 % de notre communication est verbale (sens des mots) ;
- 38 % de notre communication est vocale (intonation et son de la voix) ;
- 55 % de notre communication est visuelle (expressions du visage et langage corporel).
- 93 % de la communication orale serait donc non-verbale ! Si ces chiffres fluctuent selon les individus et les circonstances, ils donnent des informations précieuses sur l'importance de la voix ou des expressions du visage quant à la perception positive ou négative que l'on a de quelqu'un, par exemple, lors d'un entretien professionnel, d'un premier rendez-vous amoureux ou d'une opération de communication...

1. Études publiées en 1967 dans les articles "*Decoding of Inconsistent Communications* "publié dans *Journal of Personality and Social Psychology* et "*Inference of Attitudes from Nonverbal Communication in Two Channels* "publié dans *The Journal of Consulting Psychology*.

Lorsque nous nous tenons correctement, la tête et le dos droits, les épaules relâchées, que nous regardons loin devant, nous sommes plus vigilants, plus attentifs à ce qui se passe autour de nous et capables de nous retourner très vite ou de diriger notre regard à un endroit bien précis si besoin. Tandis que lorsque notre regard est fixé vers le bas ou vers le haut, certaines choses risquent de nous échapper puisque nous limitons notre champ de vision, alors qu'il doit être le plus large possible.

Certaines postures laissent à penser que nous sommes combatifs, alertes, tandis que d'autres évoquent le repli sur soi, la crainte, voire la fuite. Une expression comme « être droit dans ses bottes » évoque autant notre esprit que notre posture : dans une telle posture, nous n'avons rien à nous reprocher, nous sommes dans la justesse et la justice. On imagine des pieds joints et parallèles, bien stables, ancrés dans le sol.

Enfin, gardez toujours en tête cette jolie incantation : « Souris à la vie, elle te sourira », car il est vrai qu'on attire, selon notre état d'esprit, les bonheurs ou les peines. Indissociable d'une bonne posture, le sourire appelle le sourire, et dans n'importe quelle situation, il montre l'optimisme, évoque la joie ; bien souvent, il vous aidera à obtenir ce que vous souhaitez ! Quand les gens sourient, l'atmosphère est différente, plus agréable, plus sympathique, et les gens plus beaux. N'oubliez pas de sourire, c'est gratuit, ça détend les traits du visage et ça ne peut faire que du bien, à vous comme à ceux qui vous entourent !

Et rappelez-vous qu'une bonne posture – celle dans laquelle vous êtes bien et qui vous fait du bien – s'apprend, s'adapte et se corrige au fil du temps : rien ne s'accomplit du jour au lendemain.

MÉMO

LES BÉNÉFICES D'UNE BONNE POSTURE

- Évacuer les tensions et éviter les blocages physiques et mentaux.
- Se sentir bien, être détendu(e).
- Favoriser la circulation sanguine et énergétique.
- Oxygéner son cerveau pour développer toutes ses capacités.
- Présenter la meilleure image de soi.
- Élargir ses horizons.
- Booster sa confiance.

On est plus beau et élégant quand on se tient bien droit !

NOTA BENE

La bonne posture n'est pas uniquement liée à notre façon de nous tenir. Faire attention à notre bien-être est aussi essentiel. Pour cela, il faut :

- manger sainement ;
- boire beaucoup d'eau chaque jour ;

- bénéficier d'un sommeil de qualité ;
- pratiquer une activité physique régulière.

QUELQUES EXERCICES SIMPLES POUR AMÉLIORER VOTRE POSTURE

1. Faites le point

Regardez-vous dans un miroir de face, puis de profil. Comment vous tenez-vous ? Droit(e), courbé(e), voûté(e) ? Faites un état des lieux, étirez votre colonne au maximum, grandissez-vous comme si un fil reliait le sommet de votre crâne au plafond. Voilà, vous êtes bien droit(e) !

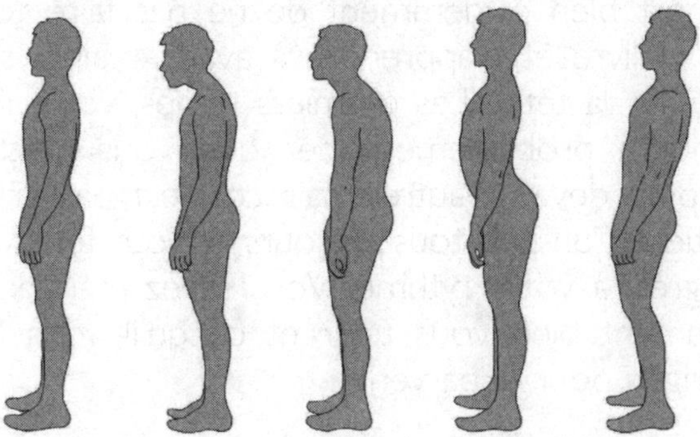

2. Trouvez la bonne posture naturelle

Placez-vous dos contre un mur, les pieds joints. Votre tête, vos épaules, vos fesses et vos talons touchent le mur. Ceci est la bonne posture, celle que vous devriez avoir naturellement. Que ressentez-vous ? Cette posture vous semble-t-elle naturelle ? Avez-vous l'impression de faire un effort pour maintenir cette posture ?

Enregistrez mentalement les sensations éprouvées dans cette posture pour tenter de les retrouver de plus en plus facilement. Pas de panique, un pas après l'autre, c'est à force de répéter ces gestes qu'ils vous sembleront de plus en plus naturels.

3. Découvrez la bonne posture de marche

Posez un livre en équilibre sur votre tête et faites quelques pas en essayant de conserver la posture dos au mur de l'exercice précédent. Le but est bien évidemment de ne pas faire tomber le livre et d'apprendre à avancer ainsi, sans livre sur la tête ! Les premiers temps, votre livre tombera probablement dès que vous mettrez un pied devant l'autre, mais ce n'est pas grave. Pratiquez un peu tous les jours et vous ferez des progrès, à votre rythme. Vous savez maintenant comment bien vous tenir et ce qu'il vous faut corriger pour y parvenir.

4. Détendez l'ensemble de votre corps

Au sol, allongez-vous sur le dos, relâchez complètement votre corps en essayant d'être le plus aligné(e) possible. La tête, les épaules, le dos, les fesses, les jambes, les talons sont bien à plat et détendus. Au yoga, on appelle cette posture *savasana*, posture du cadavre. En théorie, on devrait adopter cette posture quand on est debout, à la différence près que couché(e), on a le maintien et le relâchement naturel que l'on n'a pas forcément debout.

Afin de vérifier que vous êtes vraiment détendu(e) lorsque vous êtes allongé(e) en position *savasana*, demandez à quelqu'un de soulever l'un de vos bras ou l'une de vos jambes et de la relâcher d'un coup. Si vous êtes vraiment relaxé(e), vous ne montrerez aucune résistance lorsque votre membre retombera sur le sol. Ainsi, vous éprouverez la sensation que votre corps s'enfonce dans le sol. Si ce n'est pas le cas, c'est que vous avez besoin de vous détendre davantage. Vous y arriverez avec le temps. N'oubliez pas que les tensions fatiguent et multiplient les risques de blocages physiologiques ou énergétiques et musculaires...

5. Étirez-vous !

Toujours allongé(e), levez les bras et amenez-les derrière votre tête. Ils doivent être le plus parallèle possible. Étirez-vous des pieds (en position flex) à la tête. Il faut que vous ayez la sensation de vous étirer du sommet du crâne jusqu'aux doigts de pieds. N'oubliez surtout pas de respirer, la bouche bien fermée (pour provoquer des bâillements). Étirez-vous ainsi plusieurs fois de suite.

Après une journée fatigante à adopter souvent de mauvaises postures, pour éviter qu'elles n'entraînent pas de blocages ou des tensions nécessitant la manipulation d'un expert, je vous conseille de prendre l'habitude de vous étirer avec les petits exercices complémentaires suivants.

Étirer son dos à l'aide d'un mur ou d'une table permet de dénouer et détendre les muscles. Les jambes sont tendues, la tête dans l'alignement des bras.

Enchaîner avec la posture de la chaise, durant 30 secondes, permet de stabiliser la posture du dos et de gainer les jambes. Dans cette position, ressentez comme votre dos est droit grâce à un bon ancrage des jambes.

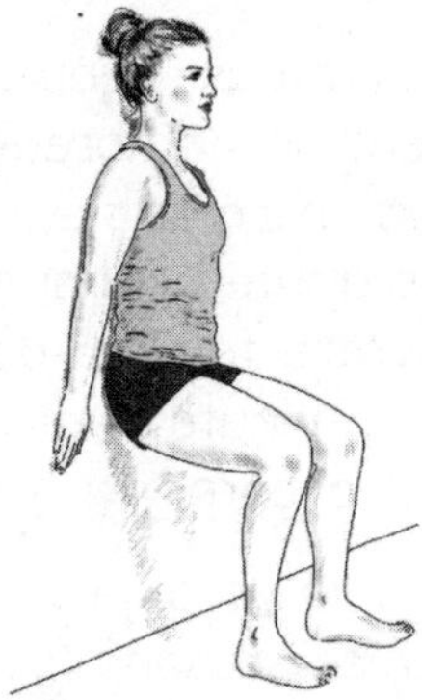

Enfin, les exercices de torsion permettent de détendre les hanches, les muscles du dos et le bassin, et de travailler tout l'axe dorsal de la tête aux pieds. Maintenez cette posture le temps de 5 respirations profondes dans un sens, 5 respirations profondes dans l'autre. Prenez soin de tourner la tête à l'opposé de la jambe pliée. Votre pied est placé sur le genou de la jambe posée au sol.

6. Gagnez en énergie et en équilibre

Les inversions, postures majeures de la pratique du yoga, possèdent de nombreuses vertus et ne sont pas toujours inaccessibles, malgré ce que vous pensez sans doute ! N'importe quelle posture qui mettra votre tête en-dessous de votre cœur pendant une minute aura des bienfaits sur l'ensemble de votre corps.

Si vous pratiquez le yoga, je vous recommande de vous mettre en *shirshasana* (poirier), contre un mur ou non, si cette posture vous est familière, ou en *halasana* (charrue). Vous pouvez également faire le poirier contre un mur. Attention : ces postures ne sont pas recommandées si vous ne les avez jamais expérimentées auparavant. Ne les tentez surtout pas seul(e) !

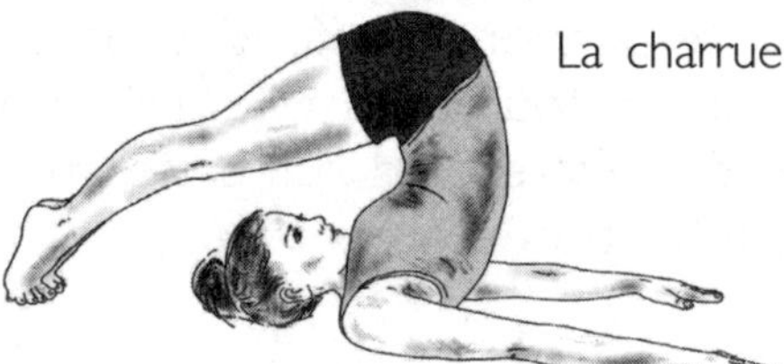

La charrue

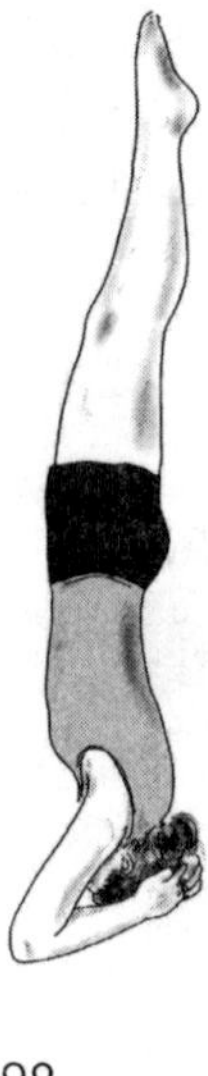

Le poirier

Le chien tête en bas
jambe levée

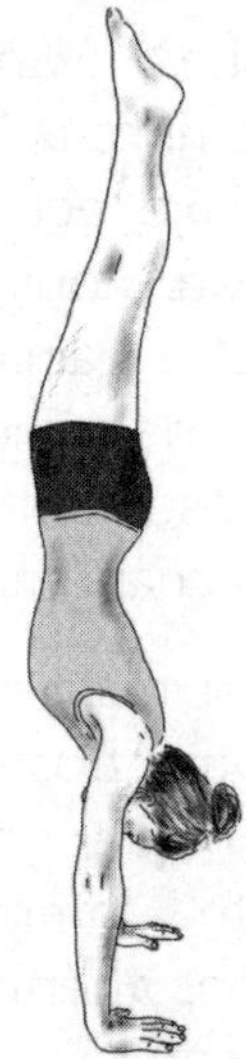

Équilibre sur les bras

Pour celles et ceux qui n'ont pas l'habitude de pratiquer les postures inversées, vous pouvez commencer par la posture *adho mukha svanasana* ou chien tête en bas.

Chien tête en bas

Les avantages de la posture inversée sont nombreux : elle développe notre équilibre, nous relaxe, active l'afflux sanguin, oxygène notre cerveau, nous offre un regain d'énergie et travaille notre gainage. De plus, c'est un véritable atout bonne mine ! Enfin, elle est l'occasion de voir les choses autrement : on y voit souvent plus clair en changeant de point de vue, souvenez-vous-en !

Si malgré tous ces exercices, vous voyez que votre posture laisse encore à désirer, pas de panique, vous pourrez faire appel à un spécialiste ! Internet est l'allié idéal pour trouver de bons thérapeutes ; vos amis peuvent aussi vous recommander leurs praticiens.

Et surtout souriez ! Vous êtes plus belles et plus beaux et un sourire en appelle un autre. La vie est plus sympa quand on sourit !

POUR VOUS AIDER À TROUVER L'ÉQUILIBRE

Quels sports pratiquer ?

Le yoga, comme on le connaît en Occident, provient d'une discipline traditionnelle millénaire indienne dont le but est la libération du corps et de l'esprit. Sa pratique est fondée sur la synchronisation, l'enchaînement de postures physiques et la respiration. On y travaille son alignement ainsi que son ancrage mental et physique. Il existe plusieurs types de yoga (Hatha, Ashtonga, Yin, Kundalini, Vinyasa… entre autres). À vous de choisir celui qui vous conviendra le mieux.

La méthode Pilates permet de développer les muscles profonds. On y travaille beaucoup l'étirement, le renforcement du dos et de la colonne vertébrale, favorisant ainsi l'équilibre postural.

La danse, comme toute activité physique, est l'occasion de se dépenser et de s'étirer. Par le biais de la chorégraphie, elle permet de développer aussi sa souplesse ainsi que la synchronisation des gestes en rythme avec la musique. Quel que soit le style de danse, la posture est toujours le point de départ et ce qui va définir la qualité et la grâce de celle ou de celui qui la pratique.

Le stretching développe l'étirement physique de manière générale. Avec lui, on accède à la détente musculaire et on travaille sa souplesse. Dans notre quotidien, on a tendance à être statique ou au contraire à se dépenser exagérément : il est essentiel de s'étirer afin d'éviter les blocages ou les tensions physiques.

Se détendre, mentalement et physiquement

Le hammam et le sauna relâchent les tensions musculaires et évacuent les toxines.

Les massages tuina, ayurveda et shiatsu favorisent la détente musculaire, et donc mentale.

Ils réactivent également les points énergétiques et le flux sanguin.

Les bains chauds ou les douches chaudes à la maison, tout simplement, sont un excellent moyen de se relaxer. Pour favoriser la détente, ajouter un peu de gros sel et quelques gouttes d'huiles essentielles lavande ou d'ylang-ylang[1]. Le *must* : si vous pouvez tamiser la lumière, voire allumer une bougie parfumée (prenez garde à la poser dans un endroit sans risques), dépaysement garanti dans votre salle de bains !

Les spécialistes dédiés à votre posture

Pour les yeux : ophtalmologiste, orthophoniste, ostéopathe.

Pour les articulations de la mâchoire : dentiste, occlusodontiste, ostéopathe.

Pour les cervicales supérieures : ostéopathe, kinésithérapeute.

Pour les pieds : podologue, kinésithérapeute, ostéopathe, réflexologue.

Pour les muscles et articulations : kinésithérapeute, ostéopathe.

Pour les viscères : gastro-entérologue, ostéopathe, fascia-thérapeute.

1. Attention : les huiles essentielles sont à utiliser avec précaution.

MON EXPÉRIENCE : LE *ROLFING*

C'est grâce au *rolfing*, une thérapie à mi-chemin entre le massage dynamique et l'ostéopathie, créée par Ida Rolf et assez peu connue en France, que j'ai pris conscience de ma mauvaise posture et que j'ai pu y remédier. Cette méthode rééduque à la fois la posture et le mouvement par un travail corporel en profondeur qui ressemble à un massage dynamique.

LES LIVRES QUI M'ONT ÉCLAIRÉE SUR LA POSTURE

- Jacques Martel, *Le Grand Dictionnaire des malaises et des maladies*, Éditions Quintessence, nouvelle édition 2018.
- Michel Odoul, *Dis-moi où tu as mal, je te dirai pourquoi*, Albin Michel, nouvelle édition 2018.
- Michel Odoul, *Dis-moi quand tu as mal, je te dirai pourquoi. Mythologies corporelles et cycles de vie*, Albin Michel, 2013.
- Joseph Messinger, *Ces gestes qui vous trahissent*, J'ai Lu, 2011.

Ces lectures m'ont appris à décoder les gestes de mes interlocuteurs et à corriger les miens, elles m'ont aidé à établir des corrélations entre mes écueils physiques et psychiques. Au début, comme moi, vous serez peut-être sceptique, vous n'y croirez pas vraiment et penserez qu'il s'agit de simples coïncidences. Mais à force de consacrer un peu de temps à ce petit travail – pourquoi ai-je mal à cet endroit précis ? ai-je vécu un événement désagréable dernièrement ? – vous prendrez conscience que c'est bien votre esprit qui, bien souvent, crée vos maux, et que c'est lui que vous devez parfois modifier si vous souhaitez guérir votre corps.

LE MOT DU SPÉCIALISTE : LAKSHMAN ATTYGALAGE, PROFESSEUR DE YOGA

Lakshman, formé au yoga ashtanga vinyasa au Sri Lanka et en Inde, est mon professeur depuis cinq ans. Son enseignement, fondé sur des pratiques ancestrales strictes, est la colonne vertébrale de tout ce que j'essaie d'appliquer au quotidien et de transmettre dans les TGMC pour favoriser une bonne posture.

« La pratique du yoga ashtanga vinyasa se divise en plusieurs séries d'exercices qui soignent le corps, purifient les énergies et développent la stabilité.

En ashtanga, on répète les postures jusqu'au perfectionnement pour développer la volonté, amener vers la fermeté, la stabilité physique ; à force, le corps enregistre les bonnes sensations et conserve les postures adéquates. On travaille les fondations, on insiste sur les postures, l'alignement du corps, ce qui permet notamment de se tenir bien droit ; on améliore la qualité de sa respiration et de sa concentration.

Cette pratique physique influe sur notre mental, nous permet de mieux cerner nos objectifs et de gagner en assurance. Au quotidien, nos difficultés physiques et mentales sont amoindries ; développer cette culture mentale en pratiquant la méditation nous amène vers la paix intérieure. »

La posture : c'est grâce à elle qu'on se présente au monde et qu'on avance.

La bonne posture est celle qui nous maintient en forme. Il s'agit d'un équilibre global qui nous permet d'être en bonne santé : bien dormir, bien s'alimenter, boire suffisamment et pratiquer une activité physique de façon modérée.

Plus tu tombes, plus tu te relèves et, surtout, moins tu as peur de tomber.

CLÉ N° 2

LA RESPIRATION

L'essence même de la vie

On a souvent tendance à penser que le plus important pour notre organisme est de boire ou de manger (ce qui est toutefois assez juste et tient même une place particulière si vous êtes gourmand(e) comme moi !), mais sur l'échelle de nos besoins fondamentaux, la respiration reste la priorité des priorités. L'humain peut vivre trente jours sans se nourrir et trois jours sans boire, mais il lui est absolument impossible de retenir sa respiration pendant plus de trois minutes... nous avons souvent tendance à l'oublier.

La respiration est l'énergie vitale qui nous maintient en vie ; sans elle, pas d'existence possible. D'où l'importance de *bien* respirer pour *bien* vivre. Apprendre à mieux respirer, c'est apprendre à se détendre plus facilement, plus souvent et plus profondément, c'est aussi s'offrir plus de sérénité et de bien-être.

Au quotidien, un individu en bonne santé ne pense pas à sa respiration ; inspirations et expirations se succèdent de façon automatique, permanente et inconsciente. Mais notre respiration, nous le savons bien, est différente selon les circonstances et les émotions qui nous traversent. Lorsque nous sommes calmes, nous respirons en moyenne douze à quinze fois par minute (inspiration + expiration), mais dès que l'on est tendu, stressé ou angoissé, la respiration devient plus courte et l'expiration, notamment, ne se fait plus dans les meilleures conditions. Par ailleurs, une bonne respiration dépend de la qualité de l'air ambiant et de notre condition physique.

Il est vrai que notre vie à cent à l'heure, la pression que nous sommes nombreux à subir au quotidien dans notre vie professionnelle comme dans notre vie privée, et les pics de pollution de plus en plus fréquents n'aident pas à adopter une respiration profonde et efficace. Plus la respiration est courte, moins l'air circule dans nos poumons, et moins notre sang se renouvelle et se purifie… et c'est tout notre organisme qui en souffre (douleurs, stress, fatigue).

Et si nous inversions précisément ce cercle vicieux ? La meilleure parade au stress, notre plus belle façon d'appréhender nos émotions, d'agir sur notre état d'esprit se trouve à portée de main : une bonne respiration nous apportera calme et énergie. Je sais bien que dans la vie de tous les jours la respiration est tellement évidente que vous n'y pensez jamais. Et si je vous disais que grâce à quelques respirations simples à comprendre et à mettre en place, vous vous sentirez mieux, vous réactiverez votre énergie et verrez la vie du bon côté ? Pourquoi s'en priver ?

- Observez votre respiration maintenant : comment est-elle ? Courte, profonde, saccadée ?
- Pensez-vous que vous respirez correctement ?
- Est-ce que vous y pensez naturellement ?
- Respirez-vous plutôt par le nez ou par la bouche ?

RESPIRER, ÇA DÉTEND LE CORPS ET L'ESPRIT

La respiration est une fonction naturelle et vitale de notre organisme et de laquelle dépend l'ensemble de nos activités corporelles. Elle assure l'apport de l'oxygène nécessaire à notre organisme (par l'inspiration), en lui permettant notamment de renouveler nos cellules, et l'évacuation du dioxyde de carbone résultant de son activité (par l'expiration).

Sachez que si vous respirez mal, votre cerveau n'est pas bien oxygéné, or c'est l'organe majeur de notre corps qui a pour rôle de contrôler toutes les actions et fonctions de l'organisme. C'est l'organe qui a le plus besoin d'énergie et d'oxygène pour garantir le bon fonctionnement de tout notre corps. Et il régule aussi bien notre physique que notre mental...

Le manque d'oxygène nous empêche d'avoir l'esprit clair pour faire les bons choix (entraînant risques d'erreurs, stress, colère, etc.). En outre, en impactant le fonctionnement général de notre organisme, le manque d'oxygène risque d'augmenter les tensions ou les blocages musculaires. Et quand on se sent bien dans son corps, on optimise les chances d'être bien dans sa tête : le corps et l'esprit sont toujours connectés, ne l'oubliez jamais.

LES CONSÉQUENCES POSSIBLES D'UNE MAUVAISE RESPIRATION

- Risques de tensions et blocages physiques.
- Fatigue mentale et physique.
- Problèmes de sommeil entraînant un manque de concentration.
- Problèmes de peau car les cellules ne se régénèrent pas correctement.
- Risques d'erreurs, mauvais choix.
- Stress, dépression.
- Certaines maladies cardiaques ou gastriques.
- Dégradation du système immunitaire.
- Mauvaise circulation sanguine.
- Manque d'énergie.

UNE MÉCANIQUE EN TROIS PARTIES QUI SE TRAVAILLE

Pour bien respirer, il faut suivre une mécanique en trois parties : nous inspirons par la bouche ou par le nez, l'air descend ensuite par la gorge, la trachée et les poumons, puis jusqu'à notre ventre, en entretenant des liens profonds avec nos organes et nos viscères.

Si notre capacité pulmonaire est de 4 à 6 litres d'air, nous n'en utilisons en moyenne que 60 %. À qui la faute ? Essentiellement à nos mauvaises habitudes (nous ne pensons pas assez à notre respiration : on ne nous l'a jamais appris), à la méconnaissance que nous avons de notre organisme (si nous étions conscients du trajet de l'air à travers notre corps, nous penserions à respirer profondément plus souvent dans la journée) et enfin à la mauvaise qualité de l'air que nous respirons (la pollution, l'humidité et le froid ne nous aident pas à déployer nos pleines capacités respiratoires, c'est même tout l'inverse). En commençant simplement par visualiser le trajet de l'air à travers votre corps, votre respiration se fait déjà un peu plus présente à votre esprit et plus efficace pour votre organisme.

L'air que nous inspirons doit cheminer jusqu'à notre ventre. Ce que nous devons viser, ce sont des inspirations et des expirations les plus longues possibles, idéalement de 3 à 4 secondes chacune et toutes deux égales. Beaucoup de personnes expirent plus longuement qu'elles n'inspirent. Il s'agit de trouver le bon équilibre, celui qui vous convient : ni trop, ni pas assez.

Nous devons également apprendre à respirer essentiellement par le nez et non par la bouche, comme nous le faisons par « réflexe » le plus souvent, car il s'agit souvent d'une mauvaise habitude datant de l'enfance et dont il est très difficile de se départir. La respiration nasale permet une respiration plus complète, plus longue et plus profonde que la respiration buccale. À l'inspiration, le nez réchauffe, purifie et humidifie l'air. La bouche, contrairement aux narines, n'a pas de filtre qui empêche les bactéries de passer et surtout, le volume d'air emmagasiné est moindre. De plus, l'air, au contact de la salive, va augmenter l'acidité de la bouche, ce qui favorise la prolifération de bactéries sources de caries et perturbatrices du bon fonctionnement du tube digestif.

Apprenez peu à peu à respirer uniquement par le nez en y consacrant quelques minutes de plus chaque jour. Vous verrez, cette respiration possède une efficacité redoutable sur notre mental comme sur notre physique.

Depuis mon enfance et jusqu'à ce que je prenne conscience de l'importance d'une bonne respiration il y a quelques années, je ne respirais que par la bouche. En respirant par le nez, j'avais tout simplement l'impression d'étouffer ! Il faut dire qu'enfant, j'étais asthmatique, et que cela avait exacerbé ma tendance à respirer par la bouche. Mon asthme a disparu en grandissant, mais comme j'avais pris l'habitude de respirer par la bouche et que j'avais souvent le nez pris à cause de mes allergies, je continuais à respirer ainsi. On le sait tous, les mauvaises habitudes se prennent vite et il est difficile de s'en défaire, surtout quand elles sont aussi ancrées que celles liées à la respiration. C'est notre nature même qui est remise en question.

C'est grâce au docteur Thi Quy, médecin généraliste et spécialiste en ARC (analyse et réinformation cellulaire), que ma vie a changé. En quelques mots, et sans que je comprenne immédiatement le rapport entre mes allergies et ma façon de respirer, elle m'a fait prendre conscience que je ne respirais pas correctement, que j'avais le souffle court, une respiration saccadée et irrégulière.

J'avais remarqué qu'à certains moments de ma vie, notamment lorsqu'un de mes jobs ne me convenait pas ou ne me plaisait plus, je disais souvent que j'avais l'impression de « vivre en apnée » ; je retenais mon souffle chaque jour de la semaine en attendant le week-end. Il était évident qu'il me fallait remédier à cela… Dans un premier temps, le docteur Thi Quy m'a aidée à prendre conscience de ces défauts en me faisant observer attentivement ma respiration ; c'est vrai que si on l'avait interprétée sous forme d'un graphique, elle aurait ressemblé à des montagnes russes ! Mais comment y remédier ? Je me suis d'abord efforcée de ne plus bloquer ma respiration… c'était une vraie contrainte, au début ! Puis, en constatant que je me sentais plus légère, plus détendue, et que mon eczéma s'estompait visiblement, j'ai pris l'habitude de me corriger, jusqu'à ce qu'une respiration fluide et nasale devienne (presque) naturelle.

LA RESPIRATION, LE REFLET DE NOS ÉMOTIONS

Notre état émotionnel, on l'a dit, influe sur notre respiration. Lorsque nous sommes calmes, notre respiration est profonde, notre corps est détendu. En revanche, lorsque nous sommes stressés, inquiets ou pressés par le temps, elle est plus courte, saccadée et entraîne immanquablement des tensions physiques.

La bonne nouvelle, c'est que notre respiration est une fonction que nous pouvons maîtriser et donc mettre à notre profit. Bien respirer, c'est savoir adapter sa respiration à **l'émotion ressentie, surtout quand elle est négative. Revenir volontairement à une respiration ralentie,** c'est favoriser le retour au calme de notre mental et réduire les effets négatifs de **l'événement sur notre corps.**

Autrement dit, lorsque votre monologue intérieur tourne en boucle sur un problème ou que vous rencontrez une situation qui vous angoisse, recentrez-vous sur votre respiration pour équilibrer votre système nerveux. Prendre le temps de bien respirer est le moyen le plus efficace de gérer les émotions et faire baisser son niveau de stress.

Enfin, notez qu'inspirer et expirer, c'est un peu comme prendre et donner : comme dans la vie, il s'agit de trouver le bon équilibre. Si naturellement, au repos, vous expirez plus que vous n'inspirez, peut-être est-ce parce que vous dépensez trop **d'énergie ? Peut-être que vous (vous) « donnez » un peu trop ? Réfléchissez-y** pour trouver *votre* juste équilibre, dans votre vie comme dans votre souffle.

QUAND LES MOTS PARLENT DE RESPIRATION

Elle respire la joie de vivre : sa joie est si éclatante, si vivante, qu'elle ne peut passer inaperçue tant elle est visible physiquement et moralement. Cette personne est entièrement habitée par sa joie de vivre.

Mentir comme on respire : on emploie cette expression vis-à-vis de quelqu'un qui ne nous inspire pas confiance, que l'on soupçonne d'avoir le mensonge pour seconde nature. Prudence quant à la tournure que prennent les événements avec ce type de personnalité.

Avoir le souffle coupé : c'est ce que peut provoquer un choc émotionnel, une grande peur. Il est important d'identifier la cause de ce qui a provoqué cet arrêt brutal de notre respiration car c'est un signe de notre corps : on a trop souvent tendance à refouler certaines émotions pour s'en protéger, mais c'est en niant le problème de cette façon que notre corps – qui ne ment jamais – va enregistrer ces informations pour les transformer en douleurs ou en maladies.

Être à bout de souffle : c'est avoir l'impression de manquer d'air, de ne plus pouvoir avancer au point de ne même pas être en mesure de respirer. Cette grande fatigue, qui peut être physique ou psychique (et bien souvent les deux), exprime souvent un grand besoin de repos.

Il a rendu son dernier souffle : expression que l'on emploie pour évoquer les derniers instants de vie. C'est pourquoi il est important de préserver ce fameux souffle en prenant soin de sa respiration.

Étouffer à cause de la chaleur : notre respiration ne dépend pas seulement de nous mais aussi des conditions climatiques auxquelles nous devons nous adapter. Nous n'avons pas tous la même condition physique et chacun tolère plus ou moins bien la chaleur, le froid, la pollution... L'essentiel est d'apprendre à s'écouter. Ce qui va bien à l'un ne convient pas forcément à l'autre. Il est essentiel d'être à l'écoute de son ressenti.

Être étouffé par quelqu'un : se dit lorsqu'une personne oppressante ne nous fait pas du bien. Soit je modifie le caractère de cette relation, soit je m'en éloigne, sinon cet état va m'affecter moralement et physiquement.

Prendre le temps de respirer : parce que dans notre société tout va trop vite, on ne prend le temps de rien, pas même de ce qui est pourtant primordial, respirer correctement. À force de rester à la surface des choses, il y a forcément des manques qui se font ressentir, voire des blocages. Il faudra alors revenir sur ce qui n'a pas été bien fait, bien compris.

Avoir besoin de s'aérer l'esprit : on sait qu'en respirant, on se régénère et on oxygène son cerveau pour chasser les mauvaises pensées et avoir les idées plus claires.

Retenir sa respiration : un coup de stress, un moment d'angoisse, et on stoppe sa respiration comme si on voulait retarder ou éviter l'avènement d'une situation...

Je suis sous l'eau : lorsqu'on est surchargé de travail, cette expression décrit bien la sensation d'être en apnée. C'est pourtant la pire chose à faire si l'on souhaite oxygéner son cerveau pour mener à bien, justement, la tâche à accomplir !

Comme un nouveau/second souffle : à la suite d'un moment difficile, lorsqu'un nouveau cycle arrive et que l'horizon semble se dégager, on le vit comme un renouveau, une renaissance.

MÉMO

LES BÉNÉFICES D'UNE BONNE RESPIRATION

- Détente musculaire, bien-être physique. Amélioration de la posture, renforcement de la vitalité et boosteur de confiance.
- Bien-être mental : grâce à une bonne oxygénation du cerveau, nous sommes en possession de nos capacités maximales.

- Réactivation énergétique.
- Meilleur sommeil et meilleure concentration.
- Diminution du stress et des angoisses, meilleure parade à la dépression.
- Détoxification du corps, donc de l'esprit : avec les idées claires, on fait les bons choix, on se sent plus fort, plus endurant.
- Amélioration du système digestif et du système immunitaire.
- Activation de la bonne humeur !

NOTA BENE

Votre respiration est le siège de votre énergie, reprendre quelques respirations suffit souvent à se recharger.

La respiration circule tout le long de notre corps. Elle contribue grandement à notre alignement et fait le lien entre notre corps et notre esprit, entre le monde extérieur et soi. Connectée au moment présent, à la réalité, elle est essentielle à notre bien-être.

QUELQUES EXERCICES SIMPLES POUR BIEN RESPIRER

1. Visualisez le circuit de l'air dans votre corps

• En position assise, les jambes en tailleur, le dos droit, les épaules sont détendues et relâchées.

• Fermez les yeux et concentrez-vous uniquement sur votre corps et votre respiration. Inspirez lentement par le nez. Sentez le trajet de l'air qui passe par les narines, la gorge, les poumons... jusqu'au ventre, qui se gonfle comme un ballon. Vos vaisseaux sanguins sont ainsi stimulés, votre organisme gagne en dynamisme, votre capacité pulmonaire est augmentée.

• À l'expiration, toujours par le nez, dégonflez d'abord le ventre, puis sentez l'air qui passe par le ventre, les poumons, puis les narines.

• Maintenez une inspiration et une expiration égales ; commencez par 4 secondes pour chacune et allongez le temps une fois que vous vous sentez à l'aise.

• Renouvelez cet exercice 5 fois.

NOTA BENE

Il faut favoriser l'inspiration et l'expiration par le nez, car la respiration nasale est plus efficace : la capacité pulmonaire est augmentée, les narines filtrent les poussières et certaines bactéries. En respirant par la bouche, on perd cette protection. De plus, le contact de l'air avec la salive va provoquer de l'acidité, cause de caries ou de maux d'estomac.

2. Évacuez le stress

• Debout ou assis(e), inspirez de manière exagérée par le nez tout en relevant les épaules vers les oreilles. À l'expiration, soufflez fort par la bouche et laissez tomber les épaules d'un coup afin de relâcher les tensions.

• Bon à savoir : pour ne pas rapporter vos soucis à la maison si vos journées sont difficiles, faites cet exercice 3 fois de suite avant de rentrer chez vous ou chaque fois que vous en ressentez le besoin. Si vous dormez mal parce que vous êtes stressé(e), pratiquez cet exercice avant de vous coucher.

3. Initiez-vous à la relaxation

• Debout, les épaules relâchées, le dos bien droit, les pieds légèrement écartés de la largeur du bassin, posez vos mains l'une sur l'autre sur le bas du ventre.

• Inspirez par le nez en gonflant exagérément votre ventre ; vous devez voir vos mains avancer.

• À l'expiration, rentrez votre ventre de manière exagérée ; utilisez vos mains pour exercer une légère pression. Recommencez 3 fois.

• Toujours debout, posez vos mains sur vos côtes (pouces à l'arrière) et inspirez fortement par le nez en gonflant votre ventre tout en ouvrant vos épaules et le plexus solaire. Ainsi, vous donnez de l'espace à votre cage thoracique et optimisez votre capacité pulmonaire. Lors de l'expiration, le plexus solaire s'abaisse et vos épaules se relâchent.

• Allongez vos bras tendus devant vous, paumes vers le ciel. Repliez vos coudes pour attraper vos épaules. Inspirez par le nez, gonflez le ventre tout en déployant vos bras comme des ailes. À l'expiration, refermez vos bras pour revenir à la position initiale, les mains toujours posées sur les épaules.

4. Boostez votre énergie
avec la respiration yogique bhastrika

Cette respiration dynamique et rapide par le nez va permettre de réchauffer votre corps, de lui apporter de l'énergie et de relancer votre système immunitaire. Elle est très efficace quand on a besoin de se réveiller ou d'un petit coup de boost avant une présentation ou un rendez-vous important !

• Asseyez-vous en tailleur, le corps bien droit. Fermez la bouche.

• Commencez par contracter vos abdos de façon assez exagérée une dizaine de fois. Une fois ce mouvement enregistré, accompagnez chaque contraction abdominale par une expiration forte par le nez[1].

• Répétez le mouvement en essayant d'accélérer le rythme, puis ralentissez peu à peu, toujours en synchronisant l'expiration et la contraction abdominale.

• Une fois que vous maîtrisez la combinaison des deux (expiration + contraction abdominale), ajoutez le mouvement des bras.

• Commencez par tendre les deux bras vers le ciel, paumes ouvertes. À chaque expiration, accompagnez le mouvement de la contraction abdominale en ramenant les bras à vous comme si vous tiriez quelque chose, les poings fermés, comme si vous preniez l'énergie du ciel pour la ramener vers votre cœur.

• Faites plusieurs séries en accélérant puis en ralentissant le rythme.

---

1. Vidéo sur www.youtube.com/watch?v=gQh-BlzaF0Q

POUR VOUS AIDER À TROUVER LA RESPIRATION LA PLUS JUSTE

Quels sports pratiquer ?

Quasiment toutes les formes de yoga combinent la pratique des postures synchronisées à la respiration, mais certaines plus que d'autres : hatha, ashtanga, vinyasa, yengar, kundalini, et nidra.

La sophrologie est une technique de relaxation à travers le corps et l'esprit qui a notamment pour but d'atténuer les souffrances physiques et mentales, les addictions, les problèmes de sommeil, le stress, etc.

Travailler l'endurance permet de développer son souffle et de maîtriser sa respiration. Des sports comme la course ou le cardio-trainning sont excellents ; il est toujours bon de pratiquer une activité physique, quelle qu'elle soit, pour se maintenir en forme et éliminer les toxines. La maîtrise du souffle contribue grandement à une meilleure pratique dans toutes les disciplines.

Le chant fait travailler la respiration abdominale, essentielle pour maîtriser son souffle et offrir un vrai potentiel à notre voix.

L'aromathérapie fait partie de la famille de la phytothérapie et utilise les huiles essentielles de certaines plantes à des fins médicinales. La simple inhalation de ces huiles engendre des réactions positives sur notre corps et notre mental. Elles améliorent notre santé, peuvent nous aider à nous détendre, et modifier l'atmosphère de nos lieux de vie (au bureau comme à la maison). Personnellement, j'apprécie l'eucalyptus que j'utilise pour soigner les problèmes et infections respiratoires, la lavande qui est bien utile pour ses propriétés antibactériennes et anti-inflammatoires, et enfin l'orange qui, outre ses qualités apaisantes, favorise la bonne humeur[1].

Se nettoyer le nez et se moucher régulièrement : ça peut sembler idiot, mais si notre nez renferme des saletés, les filtres que contiennent nos narines ne montrent pas toute leur efficacité. Une fois par semaine, je vous conseille un nettoyage du nez avec un spray à l'eau de mer ; pas besoin d'attendre d'être enrhumé(e) pour le faire. Pensez aussi à vous moucher le matin au réveil et le soir avant le coucher.

1. Attention : utilisez les huiles essentielles avec précaution.

MON EXPÉRIENCE AVEC LA RESPIRATION NASALE

Suite à plusieurs lectures qui m'ont ouvert les yeux sur les méfaits d'une mauvaise respiration, et après ma rencontre avec le docteur Thi Quy, j'ai tout doucement appris à respirer par le nez. J'ai mis du temps et je le faisais petit à petit. Ce qui m'a fait l'effet d'un vrai déclic, très tardivement, c'est la pratique du yoga.

C'est mon professeur de yoga qui m'a fait prendre pleinement conscience de l'irrégularité de ma respiration. Mon inspiration était beaucoup plus courte que mon expiration… en d'autres termes, je dépensais plus que je gagnais. Mon inspiration courte équivalait à moins d'air, donc moins d'énergie, et mon expiration plus longue me vidait de mon énergie de manière trop importante. Et c'était tellement vrai, dans tous les sens du terme : je donne tout, tout de suite, je vais toujours trop vite, jusqu'à l'épuisement et la déception…

Je devais faire de vrais efforts pour inspirer longuement, profondément, par le nez car ce n'était pas évident pour moi qui ne savais respirer que par la bouche. C'est comme si on m'avait demandé de changer de façon de dormir ou de manger. Je suivais une sorte de régime de la respiration ! Pourtant, cette pratique m'est aujourd'hui devenue indispensable, elle fait partie de mon équilibre au quotidien.

LE MOT DE LA SPÉCIALISTE : VÉRONIQUE BENCHIMOL, SOPHROLOGUE

J'ai rencontré Véronique grâce à la magie d'Instagram. Elle habite à San Diego, en Californie, et m'a fait l'honneur d'intervenir dans une TGMC à Strasbourg. Naturellement, lorsque j'ai animé une des *class* à Malibu, Véronique est revenue.

« La respiration est essentielle pour notre bien-être, mais inspirer et expirer correctement n'est pas si évident que ça. La respiration abdominale nous permet de nous reconnecter à notre corps, en nous ramenant à l'instant présent. Elle libère de l'énergie, instille du calme et nous régénère, tout simplement. Elle nous achemine vers un mieux-être qui découle essentiellement d'une harmonie toujours plus grande entre le corps et l'esprit.

En sophrologie, la respiration abdominale, consciente, profonde nous mène vers une autre façon d'être au monde, de vivre son quotidien. Par l'intermédiaire de différentes techniques, la sophrologie offre un autre regard sur la vie, plus positif, pour une existence plus sereine, pleine des valeurs propres à chacun.

Lors d'une séance de sophrologie, l'individu est guidé par la voix du sophrologue, qui aura préalablement expliqué la technique ainsi que la pratique de la respiration abdominale. Cette respiration, en portant à un quelconque endroit de sa conscience une action positive, aura une répercussion sur la conscience tout entière. »

Une bonne respiration est indispensable pour se détendre et oxygéner son cerveau afin d'avoir les idées claires et faire le plein d'énergie.

Si ce que tu fais te fait chier,
et ne te fait pas avancer,
alors pourquoi continuer ?

CLÉ N °3

L'INSTANT PRÉSENT

Ici et maintenant :
la seule réalité spatio-temporelle

Nous savons tous ce qu'est l'instant présent et, pourtant, nous n'y accordons pas beaucoup d'attention car à peine est-il là qu'il a déjà… disparu ! Comment se focaliser sur l'instant présent sans qu'il nous file entre les doigts ? Comment lui donner une consistance moins abstraite ? Comment résister à l'envie de trouver des échappatoires dans le passé ou le futur ? Comment parvenir à oublier les soucis du quotidien et l'angoisse du lendemain ?

Comme nous allons le voir, le moment présent est une condition *sine qua non* de notre bien-être et il est fondamental de prendre conscience des différentes notions liées au temps :

Avant « Maintenant » Après
C'est passé « C'est en cours » Ce sera

Révolu « Réalité » *Alea jacta est*
(le sort en est jeté)

Ce qui a eu lieu avant « maintenant », hier ou même il y a quelques minutes est révolu, on ne peut plus rien y faire, rien y changer. Passer son temps à imaginer comment nous aurions dû faire est vain, même si ce qui s'est passé peut nous permettre de changer l'avenir et de ne pas reproduire les mêmes erreurs. Nous angoisser sur le futur alors qu'on ne sait pas ce qu'il nous réserve, c'est presque aussi inutile : concentrer nos pensées sur ce qui aura lieu dans quelques heures, demain ou la semaine prochaine réduit notre champ des possibles en nous sortant de la réalité. Nous ne pouvons que faire des suppositions sur ce qui pourrait nous arriver, et d'ici là, il est probable que des événements adviendront. **Le moment présent, ici et maintenant, est le seul dans lequel nous pouvons être dans l'action car c'est le seul moment où nous avons toutes les clés en main. Demain dépend de ce qu'on fait maintenant.**

Dans la mesure où notre bien-être passe par l'équilibre entre le corps et l'esprit, si notre corps est physiquement présent mais que notre esprit divague dans le passé ou le futur, nous augmentons les risques de dysfonctionnements, physiques ou mentaux. Lorsque notre corps et notre esprit ne sont pas connectés dans le même espace-temps, impossible de nous sentir « alignés », en cohérence, avec tous les risques de tensions, d'erreurs, de stress ou de maladies que cela engendre.

Notre esprit doit se trouver au même endroit et au même moment que notre corps afin de pouvoir capter toutes les informations de notre environnement. Cela semble simple, en théorie, mais en réalité ce n'est pas si évident tant nous sommes habitués à faire plusieurs choses à la fois et à extrapoler sans cesse.

Être dans le moment présent, « ici et maintenant », c'est être dans la vie, dans le mouvement : tout est possible. Attention toutefois, vivre l'instant présent ne veut pas dire qu'il ne faille pas s'occuper de l'avenir ou revenir parfois sur ce qui s'est passé ! Certains moments sont dédiés à la réflexion et lorsqu'on y consacre pleinement son attention, on peut ensuite envisager des actions qui se dérouleront comme nous le souhaitons.

Attention à ne pas faire trop de projections, car on augmente ainsi les chances de déception et de frustration lorsque les choses ne se passent pas comme on l'aurait souhaité.

Vivre l'instant présent, c'est porter toute notre attention sur ce moment précis afin de l'optimiser, car en étant pleinement conscients de l'instant présent, nous augmentons les chances que notre mémoire et notre cerveau enregistrent les informations nécessaires.

La base est toujours la recherche de ce fameux équilibre corps/esprit, vie privée/vie professionnelle, mais il faut avoir conscience que cet équilibre est fragile. Rien n'est jamais acquis, le travail que nous avons à faire sur nous-même peut durer toute une vie.

AGIR EN PLEINE CONSCIENCE POUR TRANSFORMER NOTRE VIE

Conséquence de notre société moderne et des technologies qui nous poussent à toujours aller plus vite, plus loin ; culte de la performance, de l'ego et du multitâche, nous cherchons souvent à en faire trop. Pour mener à bien nos projets et réaliser de grandes choses, il faut les accomplir l'une après l'autre, en toute conscience. Il en va de même avec nos soucis, que nous avons tendance à mettre tous dans le même panier. Plutôt que de prendre le temps de régler un problème après l'autre, nous les abordons tous à la fois. Le négatif appelant le négatif, nous ne sommes pas près de les résoudre… C'est pourquoi nous devons apprendre à mettre des priorités dans notre vie et à les gérer en fonction de notre *timing* personnel : on met donc de côté les tâches qui ont une échéance tardive pour régler les plus urgentes. **La priorité, c'est tout ce qui se passe maintenant ou qui s'en rapproche.**

Apprendre à prioriser, c'est apprendre à gérer son temps et prendre conscience du temps présent, le vivre pleinement, être attentif à tout ce qui nous entoure, nos sens à l'affût. Et c'est grâce à nos cinq sens que les informations sont perçues, envoyées à notre cerveau et ainsi transformées en actions et en émotions. **Cependant, il est important d'être tout de même vigilant en permanence : c'est cet état de veille conscient qui permettra d'être réactif face à l'imprévu.**

Nos cinq sens, un socle essentiel pour vivre pleinement

L'ouïe, l'odorat, la vue, le toucher et le goût contribuent au bon fonctionnement de notre corps et de notre esprit, mais ils sont également là pour nous préserver, nous alerter en cas de danger et pouvoir réagir en conséquence. Pour se nourrir des informations captées par nos cinq sens, notre corps doit être détendu et notre respiration la plus profonde possible afin d'oxygéner le cerveau qui, lui, traite et analyse ces informations pour permettre une réaction appropriée ici et maintenant. Eh oui, tout est relié !

Se réconcilier avec ses sens, leur permettre de fonctionner en harmonie, c'est tout simplement renouer avec la vie.

CES ERREURS D'ALIGNEMENT À NE PLUS COMMETTRE

Marcher dans la rue les yeux rivés sur son téléphone portable pour textoter ou faire défiler les pages des réseaux sociaux est devenu une pratique si répandue qu'elle a même donné naissance à un néologisme pour désigner ceux qui l'utilisent : les « smombies », contraction de smartphone et zombie… Cette mauvaise habitude, terriblement dangereuse, est l'exemple parfait d'un mauvais alignement entre votre corps et votre esprit. Plutôt que de vous concentrer sur la marche, sur votre trajet, d'observer les passants et la circulation autour de vous et d'être tout simplement conscient(e) de ce que vous être en train de faire, vous avez l'esprit ailleurs, occupé à autre chose. Vous multipliez les risques de vous tromper de chemin, de trébucher, de rentrer dans des gens et même d'être victime d'un accident de la circulation en traversant la rue sans être attentif. Votre réceptivité à votre environnement est la même que si vous aviez les yeux bandés, c'est-à-dire quasi nulle ! Pour être prêt(e) à réagir en toutes circonstances, pensez donc à laisser votre téléphone dans votre poche ou votre sac lorsque vous marchez.

Déjeuner devant son ordinateur pour rattraper un retard sur son travail, voici une autre situation qui sépare notre corps de notre esprit. Se nourrir et travailler sont deux actes qui demandent une attention différente et sollicitent notre cerveau de manières totalement différentes. Manger est une activité qui fait appel au goût et à l'odorat ; travailler sollicite la vue et la concentration. Si l'on fait les deux en même temps, notre cerveau reçoit de nombreuses informations en quelques minutes qu'il ne peut traiter concomitamment. En conséquence, certaines tâches seront moins bien accomplies ou moins appréciées : si nous ne sommes pas concentrés sur notre travail, nous risquons de commettre des erreurs, si nous ne sommes pas concentrés sur ce que nous mangeons, nous ne mâchons pas suffisamment et ne prenons aucun plaisir aux saveurs que nous sommes en train de goûter... Résultat, la digestion sera plus difficile et notre travail probablement moins efficace.

Hélas, nous sommes de plus en plus nombreux à superposer nos activités et si vous avez l'impression de gagner du temps en faisant deux choses à la fois, vous ne les faites finalement qu'à moitié. **Apprendre à résister à ce gain de temps qui, en réalité, n'en est pas un, est essentiel pour apprécier pleinement le temps présent, quelle que soit notre activité.**

Action, réaction :
prendre le temps de s'écouter

Chaque individu a une perception du monde extérieur qui lui est propre et dépend de ses goûts, son histoire, sa mémoire, ses croyances, son éducation et sa culture. C'est ce qui rend chacun d'entre nous unique, avec son propre caractère et son parcours personnel. Cependant, nos façons d'agir et de penser sont régies pour tous selon trois familles.

• **La raison** : on réfléchit avant d'agir. Ce mode d'action est de l'ordre du rationnel et de la normalité. La raison, s'il le faut, nous fait taire ce que l'on pense, et agir parfois en faisant abstraction de ce que l'on pense bon pour nous, ce qui peut entraîner de la frustration.

• **L'instinct** : plongé dans l'action, on agit de manière innée. Dans ce cas de figure, on passe à l'action sans parfois vraiment savoir pourquoi, spontanément, comme si on était en pilote automatique.

• **L'intuition** : on est au plus près de ses émotions. Au plus proche de ses valeurs, dans une démarche authentique et personnelle, fidèle à soi, on s'écoute et on se fait confiance. Dans ce type d'action, il y a peu de risque de frustration.

Et vous, savez-vous dans laquelle de ces trois grandes familles vous vous situez la majorité du temps ?

En général, la société dans laquelle nous évoluons nous pousse à faire les choses de manière assez conventionnelle et, depuis que nous sommes petits, on nous demande de *bien faire* les choses afin de satisfaire notre entourage, d'être dans la norme et de savoir nous adapter à nos milieux social et professionnel. Nous devons intégrer la norme afin de trouver nos repères et accéder à l'idée de réussite et de bonheur sociétal.

Mais à force de « cocher les cases » qui vont bien, de suivre un chemin tête baissée pour faire plaisir aux autres, on a tendance à s'oublier et à s'éloigner de ce qu'on est réellement.

Encore une fois, lorsque notre corps et notre esprit ne sont pas connectés, l'un ou l'autre finit par manifester son mal-être. Les douleurs se logent dans les parties du corps correspondant aux maux psychiques ; les risques de mauvaise humeur, de dépression apparaissent.

Mais comment éviter cela, alors ? En s'écoutant, tout simplement. Si on a pris l'habitude de toujours raisonner avant d'agir, de nous comparer aux autres, d'écouter ce qu'ils disent ou pensent, nous ne savons plus qui nous sommes véritablement. Apprendre à écouter son intuition ou agir de manière instinctive est naturel. D'ailleurs, c'est ainsi que nous avions l'habitude de faire enfant.

Comme pour notre respiration, si nous avons pris de mauvaises habitudes, nous ne savons plus nous en défaire. À nous de réapprendre. Mais savoir actionner à nouveau son intuition ou son instinct passe par un bon équilibre entre notre corps et notre esprit. Et si l'intuition était notre sixième sens ?

Vous avez maintenant une bonne posture, vous maîtrisez votre respiration, alors il n'y a aucune raison pour que vous n'ayez pas conscience du moment présent.

Les autres et moi, ici et maintenant : l'Univers

L'Univers représente ce grand ensemble de tout ce qui existe, conduit par un certain nombre de lois, d'énergies et de vies, humaines notamment. Faire partie de ce tout fait de nous des co-créateurs de l'Univers, avec chacun son rôle propre et sa responsabilité, en interaction au sein de ce grand ensemble.

À ce jour, aucune donnée scientifique ne permet de dire avec exactitude si l'Univers est fini ou infini, mais il est cependant possible que l'Univers observable ne soit qu'une infime partie d'un univers réel encore plus grand, et si nous en faisons partie, **nos possibilités sont, de ce fait, quasi infinies** : il n'y a pas de loi limitant les combinaisons possibles de nos actions, la seule probabilité limitante est celle de notre pensée et la non-prise en compte de tous ces éléments interagissant à un même instant.

C'est la somme de tous ces éléments qui constitue la réalité, c'est nous qui la construisons, ici et maintenant. La réalité, en perpétuel mouvement, avance et se modifie au fil des progrès, des limites sans cesse repoussées par l'humain dans tous les domaines (médical, informatique, économique, psychologique, artistique...), d'où l'importance de remettre en question ce qui peut être amélioré. Lorsque les éléments deviennent statiques et qu'ils ne peuvent plus évoluer, ils sont proches de la fin.

En prenant vraiment conscience que vous êtes maître(sse) de votre réalité, vous êtes en possession de pouvoirs infinis. Vous comprenez qu'il n'y a plus de hasard, que votre réalité est le fruit de vos actions régies par vos pensées. C'est ainsi que les rêves deviennent réalité.

Alors que je fête le deuxième anniversaire des TGMC à New York en 2018, Sylvie Ganter-Cervasel, fondatrice d'Atelier Cologne, m'a demandé où je souhaitais fêter le troisième anniversaire. J'avais répondu : « À Los Angeles, ma ville de cœur depuis toujours. » J'en avais envie mais je n'avais encore rien projeté.

Deux mois plus tard, Los Angeles vient à moi sans crier gare : Revlon souhaite organiser une TGMC en... novembre 2019 ! Un signe ? Au fond de moi, j'en ai la certitude. D'autant qu'en nous rendant sur place quelques mois plus tard pour préparer l'événement, nouveau signe du destin : notre hôtel et le lieu de la TGMC se trouvent à seulement à cinq minutes à pied de chez ma cousine Seilune – chez qui je pourrai faire livrer tout le matériel et qui viendra me prêter main-forte. Si vous ne connaissez pas Los Angeles, croyez-moi, c'est presque un miracle tant cette ville est étendue.

Je profite de mon temps libre pour organiser mon « futur » anniversaire : je démarche des partenaires et des marques là-bas. Tous refusent. Ça démarre plutôt mal... Mais je reste concentrée sur les signes positifs et je continue à m'accrocher à ce projet.

En septembre, à deux mois de la TGMC, je décide d'aller sur place. Le jour où je réserve mon billet, coup de fil de la directrice du centre de recherches d'UCLA : elle m'attend sur place pour l'interview que j'avais sollicitée quelques semaines plus tôt ! Arrivée à L.A., ma cousine me propose de rencontrer l'équipe de Maxfield, un concept store incontournable de la mode et du lifestyle depuis cinquante ans. Et si ça devenait le lieu de ma TGMC ? Ils adorent mon projet et y adhèrent immédiatement. Le seul hic, c'est que leur boutique n'est pas disponible le 23 novembre prochain, seule date possible. Mais la magie va encore opérer : la galerie d'art mitoyenne de leur boutique de Malibu est prête à nous accueillir ! Je crois qu'on peut encore parler de miracle !

Je vous promets que je n'avais aucune idée de ce que je pourrais organiser à L.A. D'autant plus que tout le monde m'avait prévenue que ce serait extrêmement compliqué. Comme je restais ouverte à toutes les possibilités, je ne me suis pas limitée. J'ai composé avec le moment présent et les solutions se sont mises en place les unes après les autres car j'étais visiblement au bon endroit, au bon moment... avec les bonnes personnes !

Signes et synchronicité :
comment les détecter et les interpréter ?

Un « signe » est un indice qui permet de donner une explication à certains éléments ou événements qui jalonnent notre chemin de vie. Un peu comme ce que sont les symptômes à la maladie : ils préviennent et peuvent nous indiquer une direction à prendre. Si on sait être à leur écoute et les utiliser à bon escient, on peut souvent éviter le pire. Et parfois, lorsque le pire, justement, survient, on réalise que des signes avaient été envoyés qu'on n'avait pas su (ou pu) voir. Et ça fonctionne tout autant dans l'autre sens : quand il nous arrive quelque chose de chouette, à bien y regarder, il y avait bien eu des signes positifs au préalable. **En étant attentif aux signes, on est en mesure d'agir sur le cours des événements.**

On a parfois l'impression d'être témoin de coïncidences incroyables ou de catastrophes qui ont l'air de sortir de nulle part et nous prennent au dépourvu. Pourtant, avec un peu de recul et en rembobinant le film, on s'aperçoit souvent, en remettant les événements dans leur contexte, que certains signes avant-coureurs avaient été envoyés. Ils auraient dû nous donner des indications sur la tournure des événements futurs, heureux ou malheureux.

Pour être en mesure de voir ces signes ou de les entendre, il est absolument indispensable

d'être en alignement entre notre corps et notre esprit, que tous deux soient connectés en pleine conscience, pour que nos cinq sens en alerte et notre esprit clair laissent libre champ à notre intuition.

Les maladies, au-delà de leur aspect physiologique, nous envoient des messages, nous préviennent qu'il faut changer de direction, rectifier le tir. Encore une fois, c'est le corps qui traduit nos émotions. Il est tout simplement impossible de tromper notre corps, contrairement à nos émotions que nous pouvons mettre de côté ou falsifier quand nous ne sommes pas en mesure de voir les choses en face.

Utilisez les signes et la synchronicité comme des messages précieux qui vous guident comme un GPS et, selon ces signes, n'hésitez pas à modifier votre chemin si nécessaire. Tous ces éléments sont le fruit de l'interaction de notre subconscient et de l'Univers, qu'on le veuille ou non. Toutes nos pensées nous dirigent vers la création de notre propre destin.

Alors que je venais de mettre au monde mon premier fils, j'ai négocié mon départ de la société dans laquelle je travaillais depuis longtemps et à laquelle j'étais très attachée. J'ai vécu ce départ comme un échec. J'avais l'impression que la vie m'échappait. Je suis partie avec une petite enveloppe me permettant de tenir quelques mois si je ne retrouvais pas un travail tout de suite. Tout à coup, des événements surréalistes se sont enchaînés. Comme à l'annonce d'une tornade.

J'ouvre la porte du frigo, elle me reste dans les mains : il faut racheter un réfrigérateur. Le lendemain, c'est la fenêtre de la voiture de mes parents, qu'ils m'ont gentiment prêtée, qui refuse de se refermer. Puis, alors que ma mère est chez nous, elle reçoit un appel du Cambodge : mon père va très mal et ne veut pas se soigner. Je ne comprends plus rien, mon esprit est pris dans un brouillard épais et noir. Vais-je me réveiller de ce cauchemar ? Je comprends que mon père a fait un malaise, il ne voit quasiment plus rien ; on lui a diagnostiqué un glaucome, une maladie dégénérative du nerf optique. Sa tension est si élevée qu'il ne peut pas prendre l'avion pour se faire soigner. Miracle ! Le lendemain, sa tension a baissé et mon père a pris le premier avion pour l'hôpital de Singapour. Les médecins sont formels : à quelques heures près, il perdait la vue. Ce sont les indemnités que j'avais touchées pour mon départ qui lui ont permis de se faire soigner en urgence… Alors je me suis dit : « Quelle chance d'avoir reçu cet argent, il était donc destiné à ça ! »

Prêtons attention à nos rêves

Un autre type de signes que l'Univers ou notre inconscient nous envoient et auxquels nous ne prêtons pas toujours suffisamment attention sont les rêves. Lors de notre sommeil, le cerveau reste actif et les représentations nocturnes sous forme de rêves ou de cauchemars sont en rapport direct avec notre inconscient et notre subconscient. Si l'on se fie au célèbre Freud, les rêves sont d'ailleurs souvent des désirs non assumés ou assouvis, d'où parfois la récurrence de certains rêves associés à des peurs ou des incompréhensions.

Pourquoi faire attention à la signification de nos rêves ? Tout simplement parce que c'est une part de nous-même qui nous donne des informations supplémentaires en vue de compléter le cheminement vers l'équilibre de notre bien-être. Les rêves prémonitoires sont la preuve que notre esprit en sait parfois davantage que notre inconscient. Quant à nos cauchemars, ils sont un exutoire ; même si ce n'est pas toujours facile, il faut les considérer comme des événements positifs, des indices qui nous aident à comprendre certaines choses.

À ce sujet, je vous recommande *Le Dictionnaire des rêves* d'Anne Monteschi (éditions De Vecchi, 2016) : gardez-le sur votre table de chevet, il peut vous être très utile au réveil lorsque vos rêves sont encore bien présents à votre esprit. Cet ouvrage permet de décrypter les messages que nous envoient notre inconscient et notre subconscient.

QUAND LES MOTS PARLENT DE L'INSTANT PRÉSENT

- **Aller plus vite que la musique :** se dit d'une personne impatiente qui, voulant aller trop vite, risque de perturber le bon déroulement des événements. Comme en musique, il y a un temps pour tout afin de respecter l'harmonie et la mélodie.
- **Maintenant ou jamais :** désigne le bon moment pour une situation ou une action. Si elle ne se fait pas maintenant, regrets en vue !
- ***Carpe Diem* :** cette locution latine qui signifie « Cueille le jour présent sans te soucier du lendemain », contient à elle seule une philosophie qui nous invite à profiter de chaque instant, car on ne sait pas ce que la vie nous réserve. Lorsqu'on est submergé par les tâches qui nous incombent, il est parfois essentiel de se rappeler de profiter de chaque instant, car la vie ne doit pas devenir une succession de corvées. Si tout devait s'arrêter, on ne voudrait pas avoir de regrets.
- **Rien ne sert de courir, il faut partir à point :** ce proverbe cité dans la fable « Le Lièvre et la Tortue » de Jean de La Fontaine nous rappelle qu'il y a un temps pour tout et que dans certaines occasions, il est préférable de réfléchir et d'agir au bon moment plutôt que de se précipiter.

- **Être dans la lune :** se dit d'une personne qui a la tête ailleurs et risque de commettre des erreurs d'inattention. Il est temps de revenir sur Terre et d'être à l'écoute de ce qui nous entoure.

MÉMO
LES BIENFAITS DE L'INSTANT PRÉSENT

- En pleine conscience, on apprécie pleinement chaque instant que l'on vit, chaque chose que l'on fait.
- En étant attentif à toutes les informations à notre disposition, on évite les risques, on limite les erreurs d'inattention, donc le stress, la colère ou la frustration.
- On est plus concentré, plus attentif, plus ancré dans la réalité : notre attention est canalisée, notre mémoire au top, et on trouve plus facilement des solutions à chaque problème.
- On connaît un apaisement physique et mental : l'esprit est plus léger, on est plus détendu.
- Une meilleure gestion de notre temps diminue le stress : on traite un problème après l'autre, on relativise.
- Davantage à l'écoute de nos propres besoins et envies, on est réellement connecté à soi-même.
- Avec une meilleure gestion de son énergie, on se sent plus en forme.

- On relativise : lorsque quelque chose nous contrarie, se concentrer sur le moment présent nous permet de revenir à l'essentiel.
- On se donne le droit de tout recommencer puisque le changement peut s'opérer.
- On arrête les projections, on est dans la réalité, on est vivant et on fait partie de ce grand tout qu'est le monde ou l'Univers, on est acteur de notre vie.
- On profite mieux de la vie : on est plus heureux.
- Tout est possible en faisant de notre mieux car on est dans la réalité.

QUELQUES EXERCICES SIMPLES POUR VIVRE DANS L'INSTANT PRÉSENT

1. Faites le vide dans votre esprit

Entre nos tracas quotidiens, nos envies, nos grands rêves, les contraintes, le boulot, la vie de famille, la vie amoureuse... notre esprit est constamment sollicité. Sans parler bien sûr des médias et des réseaux sociaux qui nous accaparent. Il est temps d'apprendre à dire stop, non ?

• Installez-vous confortablement, assis(e) par terre en tailleur ou allongé(e) sur votre lit, et fermez les yeux.

• Effectuez une série de 10 respirations profondes par le nez afin de détendre votre corps et votre esprit.

• Visualisez ce qu'il se passe dans votre esprit : toutes vos pensées se chevauchent, se mélangent, comme un panier rempli à ras bord. Videz ce panier et contemplez comme il est spacieux, clair et propre. Ce panier, c'est votre esprit. Permettez-lui de faire ce vide quelques instants. Et voyez comme il est possible de changer d'état d'esprit. Lorsque vous avez les idées claires, vous voyez mieux ce qu'il y a à faire, vous effectuez les bons choix et tout devient logique. Lorsqu'un récipient est plein, il ne peut contenir davantage et il faut le vider.

Dès que vous vous sentez surmené(e), faites cet exercice en vous concentrant sur l'image de grand vide, de cet espace. Avant de dormir, il vous aidera à trouver le sommeil. Plus vous le pratiquerez, plus ce sera naturel et moins votre esprit sera encombré de pensées inutiles.

2. Apprenez à « scanner » votre corps et votre esprit

• Allongé(e) par terre ou sur votre lit, dans le calme, fermez les yeux. En toute honnêteté avec vous-même, laissez venir vos pensées, vos émotions et votre ressenti physique. À quoi pensez-vous ? Comment vous sentez-vous ?

• Passez en revue l'ensemble de votre corps en commençant par vos pieds, puis vos jambes, votre bassin, votre taille, votre ventre, votre torse, vos bras, vos cervicales… jusqu'au sommet de votre crâne. Au fur et à mesure de cet exercice d'introspection, n'hésitez pas à remuer doucement chaque membre pour prendre pleinement conscience de son existence.

Ce scanner est l'occasion de faire un état des lieux. Est-ce que j'ai mal quelque part ? Qu'est-ce qui occupe mes pensées ? Une fois que vous aurez tout passé en revue, vous saurez mieux ce qu'il faut mettre en place pour améliorer votre bien-être physique et psychique.

3. Portez votre attention sur une seule pensée à la fois

Pensez à une chose très simple. Par exemple, choisissez une couleur, le bleu, qui possède des vertus apaisantes. Assis(e) ou allongé(e), fermez les yeux et visualisez cette couleur. Respirez profondément (toujours par le nez), ne pensez à rien d'autre qu'à ce bleu. Vous pouvez faire la même chose avec une fleur, un lieu, une idée ou un projet qui vous tient à cœur.

En faisant cet exercice, vous constaterez comme vous êtes plus concentré(e) lorsque vous n'avez qu'une idée en tête.

4. Ici et maintenant : que se passe-t-il ?

Assis(e) ou debout, les yeux ouverts, regardez autour de vous. Où êtes-vous ? Qu'y a-t-il autour de vous ? Quel temps fait-il ? Quel jour sommes-nous ? Y a-t-il des gens près de vous ? Comment sont-ils habillés ? Les connaissez-vous ? Êtes-vous dans un endroit bruyant ? Que ressentez-vous ? Quelque chose retient-il particulièrement votre attention ?

Vous pouvez faire cet exercice n'importe où et n'importe quand, même au restaurant ou dans les transports en commun. Si ce sont des endroits qui vous sont familiers, vous remarquerez probablement pour la première fois certains détails. Vous verrez les choses différemment.

Si vous vous trouvez dans un coin de nature, asseyez-vous et portez votre attention sur l'herbe, un arbre, le ciel... La nature a le don de nous apaiser si nous y prêtons attention. On peut par exemple se focaliser sur le ciel et tenter de le décrire. À première vue, il est peut-être bleu, mais nous savons qu'il peut en quelques minutes se couvrir de nuages, virer au gris, au rose... il est changeant, comme la vie, pleine d'aléas. Dans l'instant présent, profitons du bleu du ciel et de la vie.

Arrêtez de dire qu'on n'a pas le temps. Plus on le dit, moins on en a.

LES ACTIVITÉS QUI FAVORISENT LA PLEINE CONSCIENCE

La méditation rencontre des adeptes toujours plus nombreux depuis que l'Occident a découvert et reconnu ses bienfaits. Elle favorise la gestion des émotions et du stress, apaise le corps et l'esprit. Il est parfois difficile de savoir par où commencer. Je vous conseille de tester des cours de méditation près de chez vous ou dans un centre spécialisé. Vous pouvez également vous initier à cette pratique à l'aide d'ouvrages dédiés au sujet ou télécharger une appli comme UCLA Mindful (en anglais), 7Mind x Les Antisèches, Petit Bambou qui proposent de multiples variations de la pratique de la méditation accessibles à tous.

Le yoga est une discipline qui permet la synchronisation du corps et de l'esprit. L'enchaînement des postures rythmées par la respiration requiert la pleine conscience de soi : une pratique idéale pour être ici et maintenant.

Les arts martiaux, comme tous les sports de combat, demandent de l'attention et de la concentration. Le corps et le mental ne doivent faire qu'un à chaque instant afin de se montrer agile, alerte et conscient.

La danse, quelle que soit sa spécialité, demande à notre corps de suivre des enchaînements au son et au rythme de la musique. Elle se pratique nécessairement dans l'instant présent et offre un lâcher-prise exceptionnel.

Les auto massages, pour prendre conscience de son corps et de la manière dont nous pouvons faire circuler l'énergie.

De manière générale, toutes les activités physiques et artistiques favorisent la pleine conscience.

MON EXPÉRIENCE : LE YOGA ET LA MÉDITATION

Depuis toute petite, j'ai du mal à me concentrer, j'ai tendance à faire tout très vite et je pense toujours à « l'après ». Lorsque j'occupais un poste dans la communication, je devais préparer les événements à venir, donc les anticiper, afin qu'ils se déroulent dans les meilleures conditions possibles. Pourtant, cela ne se passait jamais exactement comme je l'avais imaginé, il y avait toujours des imprévus, des couacs et des changements de dernière minute. Bien sûr, c'est juste la vie : tout est possible, les erreurs humaines, les états d'âme de chacun, les problèmes de logistique, de production… Et c'est en prenant conscience de cela que j'ai appris quelque chose d'essentiel : quoi qu'il arrive, il y a toujours une solution à tout et à chaque instant. **Dès qu'on se mobilise et qu'on lance**

des intentions positives, seul ou en équipe, on finit toujours par s'en sortir.

C'est le yoga qui m'a particulièrement aidée à m'ancrer dans l'instant présent. Pourtant, apprendre à synchroniser ma respiration avec mes mouvements, le tout à une certaine cadence, était loin d'être évident pour moi... Aujourd'hui, lorsque je pratique le yoga, mon corps et mon esprit ne font qu'un, il n'y a de place pour aucune autre pensée, et j'ai vu ainsi mon corps adopter des postures que je n'aurais jamais imaginé être capable de prendre !

J'essaie d'appliquer cette pleine conscience dans à peu près tout ce que je fais au quotidien. Une chose après l'autre, une pensée après l'autre. Évidemment, je n'y arrive pas systématiquement, mais je constate comme le stress lié à toutes les pensées qui me submergeaient a diminué et n'encombre plus mon esprit.

La méditation m'aide aussi beaucoup à déconnecter du quotidien. C'est un moment en suspens où je fais le vide, à la recherche d'un instant de calme, afin de laisser mon corps et mon esprit se reposer. Je sens que je me détends vraiment et, même si cela ne dure que quelques minutes, ça change tout. Au début, je ne méditais que le soir, avant de dormir. Maintenant, je multiplie des micro-méditations à tout moment de la journée pour « décrasser » les énergies négatives venues se loger dans mon corps et mon esprit.

À force de pratique, je me détache plus facilement de tout, et grâce à cela je maîtrise beaucoup mieux mon stress et ma colère (même s'ils sont toujours là, je vous rassure !) ; en faisant cet effort de détachement, comme si j'arrivais à zapper avec une télécommande, je relativise immédiatement.

LES LIVRES QUI M'ONT ÉCLAIRÉE SUR LA PLEINE CONSCIENCE

Eckhart Tolle, *Le Pouvoir du moment présent*, J'ai lu, 2007. C'est ce livre qui m'a appris la fonction fondamentale du moment présent.

Thich Nhat Hanh, *Le Miracle de la pleine conscience – Manuel pratique de méditation*, J'ai lu, 2008. Ce sage moine bouddhiste nous apprend à considérer nos vies speed et stressées autrement et nous montre comment la méditation peut être présente dans notre quotidien de façon naturelle.

Christophe André, *Méditer, jour après jour*, Éditions de L'Iconoclaste, 2011. Cette approche simple désacralise la méditation et propose de vrais exercices qui permettent de lâcher prise. Un CD audio vous suivra pas à pas dans votre pratique.

Karl Otto Schmidt, *Le hasard n'existe pas*, Astra, 1988. Dans cet ouvrage précurseur des années 1950, l'auteur nous explique pourquoi le hasard n'existe pas et comment tout ce qui nous arrive, de bon ou de mauvais, a toujours une cause et une finalité en rapport avec notre inconscient et notre subconscient. Il présente ainsi les synchronicités qui apparaissent lorsque notre esprit s'ouvre et devient conscient.

Paolo Coelho, *L'Alchimiste*, J'ai lu, 2007. L'un des plus jolis contes philosophiques que j'aie lus, où un berger nous renvoie à notre mission sur Terre. Je vous livre l'une des citations du livre qui me tient à cœur : « Accomplir sa Légende Personnelle est la seule et unique obligation des hommes. Tout n'est qu'une seule chose. Et quand tu veux quelque chose, tout l'Univers conspire à te permettre de réaliser ton désir. »

LE MOT DE LA SPÉCIALISTE : DIANA WINSTON, DIRECTRICE DU CENTRE DE RECHERCHES MINDFUL AWARENESS (UCLA)[1]

« L'objectif du centre est de sensibiliser aux nombreux bénéfices de la pratique de la pleine conscience : réduction du stress, amélioration

1. www.uclahealth.org/marc

de la concentration, régulation des émotions, renforcement du système immunitaire… Et il est possible de pratiquer à tout âge, dès 7 ou 8 ans ; ça ne prend que quelques minutes dans la journée !

UCLA Mindfull, une application totalement gratuite de pleine conscience, a été développée au centre de recherches pour rendre la méditation accessible à tous, pour apprendre à accueillir le moment présent avec plaisir et curiosité.

Il y a autant de façons de méditer qu'il y a de sports. Il y a des formes de méditation pour visualiser, d'autres pour cultiver un certain état d'esprit, ou par la guérison. »

L'INSTANT PRÉSENT : LE SEUL MOMENT RÉEL OÙ TOUT EST POSSIBLE

Un pas après l'autre. On règle un problème après l'autre. Il faut avoir conscience que quand tout est possible le pire comme le meilleur est envisageable, donc il faut toujours rester vigilant et pleinement conscient. Relativiser, dédramatiser. Rien n'est jamais acquis. On doit faire avec, s'adapter à la situation. Il faut penser moins, agir, vivre, arrêter les spéculations car la pensée créatrice se transforme en realité qu'elle soit positive ou négative. En vivant pleinement, on est tout simplement plus heureux.

N'attends pas que tout se passe
mieux pour aller bien.
Fais de ton mieux et tout ira bien.

CLÉ N° 4

LA PENSÉE POSITIVE

Nos pensées nourrissent
notre âme et notre corps

Si tu veux changer ta vie, commence par changer ta façon de penser, et ta vie changera, c'est ça, le karma.

La pensée positive est le pendant de la pensée négative : l'une ne va pas sans l'autre. Il n'y a jamais de négatif sans positif. De même on pourra toujours trouver du négatif dans le positif, et du positif dans le négatif. Ce sont des états de pensée que l'on peut faire switcher dans un sens comme dans l'autre, à la manière d'un courant électrique que l'on peut faire varier grâce à un interrupteur : la lumière s'allume ou s'éteint comme la pensée positive peut passer en mode négatif en un instant.

Courant de développement personnel très en vogue aux États-Unis et qui intéresse aujourd'hui de plus de plus de Français en quête d'une vie meilleure et d'un équilibre émotionnel, la pensée positive n'est pas une méthode qui promet le bonheur éternel mais plutôt un mode de vie qui modifie notre perception du monde pour nous permettre d'aller mieux, de s'alléger du poids du quotidien.

Bien sûr, il est quasiment impossible de n'avoir que des pensées positives. Nos soucis quotidiens, la charge mentale et professionnelle, le flot d'informations continues dont on nous abreuve ont tendance à nous irriter et nous stresser. Mais comme il est toujours question d'équilibre entre le positif et le négatif, changer sa vision du monde, des autres et de soi-même est un état d'esprit à adopter pour voir les choses d'un nouvel œil et les prendre du bon côté.

Face aux difficultés auxquelles nous devons tous faire face et aux préoccupations quotidiennes pas toujours très fun, **il est important de prendre conscience qu'en adoptant un état d'esprit positif, en transformant le négatif en positif, on peut insuffler joie et dynamisme à notre vie.** La pensée étant à l'origine de toutes nos actions, elle influence grandement les événements de notre vie. Et s'il suffisait d'adopter la pensée positive pour rendre sa vie plus belle ? Dans de nombreuses philosophies et religions, on évoque cette attitude positive et la puissance de l'esprit sur nos vies. Ce serait même l'un des piliers du bien-être et de la réussite.

La pensée positive est cette pensée qui nous pousse à croire au meilleur, qui donne du courage et aide à se relever en cas de coup dur. Elle est aussi un moteur extraordinaire pour nous aider à atteindre nos buts. Comme l'optimisme, elle nous pousse à chercher le meilleur partout.

LA PENSÉE POSITIVE NOUS AIDE À SURMONTER LES ÉPREUVES ET ATTIRE LES ÉVÉNEMENTS POSITIFS

Lorsque l'on adopte la pensée positive, on surpasse les moments sombres plus facilement. On les éloigne, même. Car le positif attire du positif et le négatif du négatif. Comme je l'ai déjà dit, **un peu à la façon d'un interrupteur : en appuyant sur « on », on met en marche bonne humeur et énergie positive.** Nous sommes responsables et acteurs de notre pensée de façon plus ou moins consciente selon les événements vécus. Si nous avons conscience que nous maîtrisons cet interrupteur, que c'est à nous de l'activer, alors nous pouvons maîtriser notre chemin.

Si vous pensez que vous n'êtes pas capable de surmonter une épreuve, de réussir un entretien d'embauche ou d'être reçu(e) à un examen, si vous partez perdant(e), vous n'avez que peu de chances de réussir... Ruminer les échecs, se morfondre et imaginer le pire ne pourra en rien vous être utile. Si vous cultivez la pensée positive, en revanche, que vous appuyez sur le bouton « on » de votre pensée positive, vous ouvrez votre vie à la réussite. En adoptant la pensée positive comme ligne directrice dans votre vie du matin au soir, votre vie sera plus heureuse et vous attirerez la réussite.

Notre système de pensée est malléable ; avec un peu d'entraînement, nous pouvons tous le maîtriser. Si nous partons du principe que le monde est régi par les lois de l'Univers, que nous faisons partie de ce grand champ électromagnétique qui se traduit par des ondes positives et négatives que nous créons et attirons, nos pensées et notre état d'esprit ont nécessairement un impact direct sur notre destinée : on attire ce à quoi on pense, le pire comme le meilleur !

Par conséquent, la pensée positive attire le positif dans notre vie. En outre, c'est l'une des meilleures façons de lutter contre les maladies : se montrer positif, c'est donner à notre corps toutes les raisons de rester en pleine forme !

C'est une façon de voir la vie, et ça s'apprend, ça se travaille jour après jour, chacun à son rythme et selon son bagage, son environnement et ses aspirations. À force de pratique, c'est une démarche qui devient plus simple et naturelle.

Apprendre à cultiver le positif ne signifie pas que nous ne passerons pas par des moments difficiles et des émotions négatives, mais que nous serons armés de positif pour aller de l'avant et surmonter ces épreuves. D'ailleurs, il ne faut pas renier ses émotions mais apprendre à les écouter et surtout, les transformer car il y a forcément du positif à en tirer. À force de procéder ainsi, cette dynamique devient une habitude et on chasse petit à petit le négatif de notre quotidien afin de l'alléger et le rendre plus agréable.

- À trop penser à l'échec, on en oublie nos capacités, on se sous-estime et… on échoue.
- En visualisant la réussite, on redouble de motivation, notre état d'esprit nous aide à matérialiser nos pensées et à atteindre notre but.
- L'estime de soi étant un facteur clé de la réussite et du bonheur, la pensée positive doit avant tout s'appliquer sur soi-même avant de se répandre sur l'ensemble de son environnement (famille, amis, collègues…).

Lorsque j'ai quitté Qwant, en juillet 2017, j'avais en tête de monter ma propre société et de me consacrer à mon blog et aux Good Mood Class que je venais de lancer. À peine mon « départ vers l'inconnu » annoncé sur mon blog, l'agence Brand Union propose de mettre à ma disposition un bureau de 25 m² en échange d'une communication auprès de mon réseau. Je suis ravie : les trois femmes à la tête de l'agence sont franches et sympathiques, le feeling passe bien. Seul petit bémol, leurs clients, essentiellement des marques d'alcool, de cigarettes et de voitures, ne sont pas ceux vers lesquels je souhaite me développer. Je ne sais pas trop comment je vais pouvoir les aider, mais je me montre déterminée et optimiste : je suis la personne qu'il leur faut.

Je passe l'été à peaufiner la déco de mon bureau comme s'il s'agissait d'un nouvel appartement, pose de papier peint comprise. J'en fais un cocon chaleureux et dynamique, un lieu bourré de bonnes ondes pour accueillir mes futurs clients. Pendant plusieurs mois, c'est le rêve, les rencontres se succèdent et le succès est au rendez-vous.

Pourtant, alors que j'entame mon septième mois de collaboration, la directrice financière m'annonce que je dois laisser mon bureau à quelqu'un d'autre… J'ai une semaine pour quitter les lieux. Je suis abasourdie, choquée, mais je n'ai pas le choix. Sur Instagram, je fais part de ma déception, de mon désarroi. Je sais que les choses arrivent toujours pour une bonne raison – je passe mon temps à le répéter – mais cette fois je ne comprends pas.

Je commence par chercher un espace similaire au sein d'un bureau à partager, à Paris et même en banlieue, mais les coûts sont trop élevés. Je viens de lancer mon activité, je ne peux pas me permettre un loyer important. Je suis déprimée, lasse et inquiète. J'ai l'impression que tout se dérobe sous mes pieds du jour au lendemain. Je remue ciel et terre, appelle tout mon entourage à la rescousse, mais rien ne me convient.

Lorsque mon mari me suggère une solution pratique et immédiate, louer une « cave », je rentre dans une colère noire et lui hurle dessus. Comment croit-il que je vais faire pour recevoir mes interlocuteurs ? Mais c'est lui qui a raison : en réalité, je n'ai pas besoin d'un bureau pour que mon activité fonctionne.

En racontant mes misères à mon voisin de rez-de-chaussée David, qui tient un salad bar, j'apprends qu'il y a peut-être un local libre au sous-sol de mon imeuble. Et là encore, miracle ! En 24 heures, tout est réglé et me voilà locataire d'un nouveau « bureau », une cave de 20 m^2. Il faudra ensuite vider l'espace et nettoyer le local de fond en comble avant d'y apporter mes affaires avec l'aide de mon équipe, de ma famille et de mon voisin David (merci encore à vous tous !). Quand je m'y installe enfin, j'ai le cœur lourd mais je sais que je dois tourner la page pour avancer.

Aujourd'hui, je peux dire que c'est finalement l'une des meilleures choses qui me soient arrivées car le gain de temps est immense : pas de transport et tout le matériel dont j'ai besoin se trouve immédiatement à portée de main. Souvent on cherche trop loin alors que la solution est juste là, sous nos yeux. Il suffit de « vouloir » la voir et de tout mettre en action pour qu'elle se montre au grand jour.

Quelques mois plus tard, comme pour me conforter dans mon choix, une image devenait virale sur Twitter. Elle montrait le point commun de toutes les success-stories de Google, Apple, Amazon et autre Disney : elles avaient toutes commencé dans un garage ! Cela m'a fait sourire… Comme si l'Univers m'envoyait un clin d'œil pour me dire : « Ne t'inquiète pas, tout va bien se passer. »

UN BON KARMA, ÇA SE FABRIQUE !

Le karma est une notion assez abstraite qui, en sanskrit, veut dire « action » : nous possédons tous notre propre karma à la naissance qui se modifie au fur et à mesure de notre vie selon nos actions et nos pensées. On pourrait l'illustrer par le proverbe « On récolte ce que l'on sème », qui ne dit pas autre chose.

Nos actions sont le fruit de nos pensées, c'est une énergie que nous créons afin de produire notre vie. Ces actions sont toutes comme répertoriées dans notre corps, dans notre âme, et c'est la somme de toutes ces actions, toutes ces énergies qui font de nous ce que nous sommes. Dans cette immense bibliothèque il y a toutes nos bêtises, nos larmes, nos maladresses, nos critiques et nos coups bas, nos mauvaises pensées et les méchancetés qu'on a commises. Mais il y a aussi nos rires, nos bonnes actions et nos mots d'amour, nos petites joies et nos grands bonheurs.

Toutes ces pensées font de nous ce que nous sommes au plus profond de notre être, le mauvais comme le meilleur. Par leur intermédiaire, nous avons le pouvoir de créer une énergie positive tout comme celui de générer une énergie destructrice. Plus l'énergie de ce que vous détestez ou de ce que vous aimez est forte, plus votre karma se crée. Et que vous créiez ainsi du bien ou du mal, tout vous sera renvoyé : votre âme, vos pensées qui dirigent votre karma décideront ainsi de ce que vous avez à vivre comme pour vous offrir l'opportunité d'évoluer…

Pour ne pas créer de karma négatif, surveillez vos pensées, vos paroles et vos actes. Même quand vous êtes à bout et que vous avez l'impression que tout est contre vous. Prenez n'importe quel exemple dans votre vie. Dès que vous saisissez cette mécanique, vous comprendrez qu'elle est partout. En voici un qui résume parfaitement à mes yeux la force du karma.

Il vous est sans doute déjà arrivé de ne pas vous réveiller à l'heure pour partir au travail. Résultat, vous avez raté votre train, votre bus ou votre RER et vous êtes terriblement stressé(e) par votre retard. Serré(e) dans les transports, vous imaginez tous les scénarios catastrophes que vous réserve ce début de matinée et vous vous dites : « Quelle journée de m*** ! » Arrivé(e) au bureau, la responsable de l'accueil, en bas, omet de vous dire bonjour (vous vous demandez ce que vous lui avez fait), vous vous prenez une réflexion de votre boss sur votre retard et, forcément, en allumant votre ordinateur, des mails déplaisants arrivent qui viendront alimenter votre mauvaise humeur. Et ainsi de suite toute la journée… Le soir, après cette mauvaise journée, vous rentrez chez vous sur les rotules, vous vous disputez avec votre conjoint(e) et vous vous dites : « J'avais raison, je savais que c'était une journée de m*** ! »

En réalité, cette journée n'a été que l'enchaînement d'événements anodins qui, séparés les uns des autres, auraient pu être vécus différemment. Une contrariété peut facilement en appeler une autre, d'où l'importance de savoir les isoler et pourquoi pas les ignorer ou les remettre à leur juste place : il y a des choses tellement plus graves. Vous êtes arrivé(e) en retard au bureau ? Ça arrive à tout le monde. Vous auriez pu lancer un mot gentil à l'hôtesse d'accueil sans attendre qu'elle vous dise bonjour, prendre à la rigolade la réflexion de votre boss, et le cours de votre journée aurait été différent. Cette spirale infernale, c'est vous qui l'avez créée en mettant de bon matin vos pensées sur un mauvais mode, en adéquation avec une énergie négative et des paroles désagréables, le tout se concertant pour vous annoncer la tendance de journée à venir. Si vous n'aviez pas eu ces mauvaises pensées, si vous n'aviez pas prononcé ces mots négatifs au saut du lit, le cours de votre journée aurait été plus serein. Cette direction que vous donnez par le biais de votre pensée est ce qu'on appelle l'intention. À nous d'être clairs et d'envoyer l'intention que nous souhaitons.

LA CHANCE, PARLONS-EN !

- **La chance est une croyance personnelle** qui nous réchauffe le cœur, nous donne du courage et de l'espoir. Pour l'entretenir, rien de plus simple : il suffit d'y croire ! Vous pouvez vous créer vos propres croyances ou rituels. Il y en a dans toutes les cultures et traditions, à vous de vous les approprier pour les transformer en force.
- **En Asie**, où les croyances et superstitions sont fortement ancrées dans la société, **on utilise du rouge dans les vêtements et toutes les décorations le premier jour de l'année, car c'est la couleur du soleil, la couleur la plus puissante**. On offre aux enfants des petites pochettes rouges avec un peu d'argent pour leur porter chance, on fait éclater des pétards pour chasser les mauvais esprits, et des lions et des dragons dansent dans la rue pour placer la nouvelle année sous le signe de la chance et de la prospérité.
- **Vous avez trouvé un trèfle à quatre feuilles ? Bravo !** Faites-le sécher et conservez-le précieusement. Et n'oubliez pas de vous embrasser sous le gui les premiers jours de l'année : ça vous portera chance pour les douze mois suivants !

PENSÉES NÉGATIVES : PEURS, BLOCAGES ET AUTRES DYSFONCTIONNEMENTS MÉCANIQUES

Je l'ai déjà dit plus haut, on ne peut pas toujours avoir des pensées positives. Les pensées négatives, il est préférable de les évacuer avant qu'elles ne se traduisent par de la colère, de la peur ou de la frustration plutôt que de les conserver en soi ou pire, de les nier.

Il est important d'essayer de limiter ces émotions négatives, de les comprendre et de les accepter tant qu'elles ne nous dépassent pas. Car si elles perdurent, elles peuvent s'installer et devenir de mauvaises habitudes qui font partie intégrante de notre mode de vie. Il ne faut surtout pas les refouler au risque de les voir se transformer en maux qui viennent bloquer le bon fonctionnement de notre corps : lui ne ment jamais, je vous le rappelle, et il risque de subir de plein fouet l'intériorisation d'une émotion négative.

Le négatif entraînant le négatif par un effet d'attraction et de cercle vicieux, vous devez couper cette énergie néfaste dès que possible et trouver la force de la transformer : c'est votre flux énergétique qui lui fera prendre la bonne direction, ne l'oubliez pas.

Les petits accidents de parcours, les maladies, qu'ils soient d'ordre psychologique ou physique, sont source de traumatismes, différents pour chacun de nous. Il faut en avoir conscience, s'y préparer et, si besoin, se faire aider si nous sentons que cela modifie notre comportement de façon négative et sur le long terme.

Quand nos peurs et nos blocages résultent de notre enfance après un événement marquant, voire traumatisant, le cerveau est automatiquement mis en mode *warning*.

Nos pensées se « branchent » à la mémoire cellulaire de tout notre corps et automatiquement, certaines émotions vont s'activer et se manifester sous la forme de peurs, de blocages, et générer des pensées négatives qu'on aura l'impression de subir. La peur est souvent accompagnée d'un sentiment de danger, mais aussi de méconnaissance. Ensuite, les informations qui remontent jusqu'à notre esprit peuvent se chevaucher avec des interprétations, des vécus qui vont se croiser, en déformant la réalité sur la base de notre imaginaire et de notre vécu.

Prenons l'exemple de quelqu'un qui se blesse en skiant. Il ancrera dans sa mémoire cellulaire les émotions ressenties lors de sa chute. Plus tard, lorsqu'il chaussera à nouveau des skis, il peut ressentir une certaine appréhension au point même de ne plus jamais être capable de dévaler les pentes enneigées. Il en est de même pour une personne qui échoue à un examen qui lui tenait particulièrement à cœur, comme le permis de conduire, par exemple : ce sentiment d'échec peut être réactivé dès qu'elle sera en situation de test ou d'examen en fonction de ses expériences passées.

Acceptez vos pensées négatives, prenez-en conscience, essayez de savoir pourquoi elles sont générées et faites le nécessaire pour y remédier. Si vous avez du mal à faire changer la situation seul(e), n'hésitez pas à vous faire aider par un spécialiste, nous avons la chance, aujourd'hui, de bénéficier d'un large éventail de solutions grâce à des thérapies variées.

J'ai moi-même été confrontée à un phénomène étonnant et dont j'ignorais jusque-là l'existence : nous pouvons génétiquement hériter de certaines peurs de nos ancêtres. Ce phénomène est étudié par une science : l'épigénétique.

Avant d'en faire l'expérience, j'éprouvais une certaine appréhension à l'idée de vivre une grossesse et un accouchement. Ces événements souvent accueillis par les femmes comme de très belles expériences me semblaient des épreuves insurmontables de l'ordre du parcours du combattant. Je rêvais pourtant d'avoir des enfants... Enceinte, j'ai imaginé le pire, je faisais des cauchemars, j'avais tout le temps peur, de tout. Je n'arrivais pas à comprendre comment ce bébé allait pouvoir sortir de mon corps. Et à force de m'en faire une montagne, de n'y trouver que des aspects négatifs et terrorisants, ça n'a pas loupé : mes deux accouchements ont été horribles et douloureux. Heureusement, mes deux bébés sont nés en excellente santé et tout est rentré à chaque fois dans l'ordre dès mon retour à la maison : mon optimisme ordinaire était sans doute revenu !

En imaginant des accouchements si pénibles, en me conditionnant à vivre le pire des cauchemars, j'ai créé ma propre réalité ! Heureusement que j'avais imaginé une autre suite dès que je reprenais possession de mon corps et de mes habitudes...

J'ai appris plus tard que ma mère avait eu les mêmes appréhensions de jeune maman. Elle avait même demandé à accoucher par césarienne, sans raison médicale, ce qui à l'époque ne se faisait pas du tout... Elle m'avait sans doute transmis inconsciemment cette peur qui avait pris racine en moi sans que j'en eus réellement conscience.

LA LOI DE L'ATTRACTION DES PENSÉES POSITIVES

Selon Rhonda Byrne, auteur du best-seller *Le Secret*[1], la loi de l'attraction est la loi la plus puissante de l'Univers : c'est nous qui attirons tout ce qui nous arrive dans la vie avec nos

1. Éd. Un Monde Différent, 2008

pensées et les images que nous entretenons dans notre esprit. D'où l'importance de prêter attention à ses pensées et aux paroles qui en découlent : elles ont le pouvoir de se transformer en réalité.

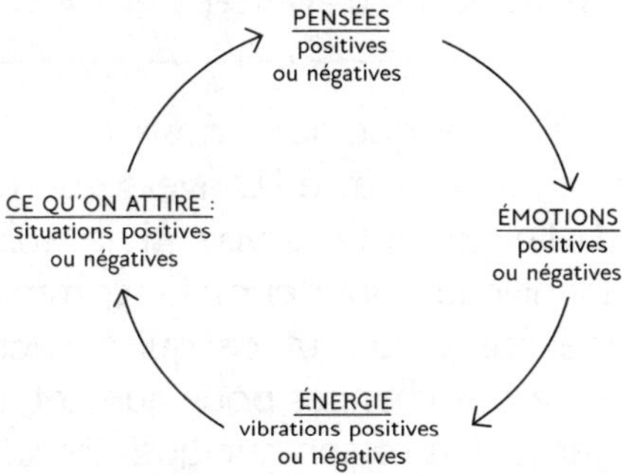

- Prenez un instant pour vous. Laissez votre esprit libre, sans jugement. À quoi pensez-vous ? Quelles sont les pensées qui circulent dans votre esprit ? Sont-elles positives ou négatives ? Prenez conscience de ce que votre esprit crée à cet instant T.
- Prenez garde à ne pas refouler les pensées négatives ou à être dans le déni : acceptez-les.
- Faites confiance à votre ressenti : si vous vous sentez mal mais que vous tentez de vous persuader que vous allez bien, votre corps et votre esprit ne seront pas connectés et il y aura un dysfonctionnement quelque part, dans votre ressenti physique ou les événements à venir.
- Ne pas aller bien n'est pas forcément négatif. C'est une réalité et il est sain d'en avoir conscience. Vous pouvez transformer toute

situation négative en situation positive car il y a toujours du positif dans le négatif. On attire ce que l'on est, l'énergie que l'on renvoie, ou ce que l'on doit vivre afin d'en apprendre plus sur nous-même et d'avancer.

Lorsqu'il m'arrive quelque chose de négatif, je me dis que c'est peut-être l'Univers qui m'envoie un petit challenge pour savoir si je suis prête à passer au niveau supérieur ! Et comme il y a toujours une raison à tout ce qui survient dans notre vie, il y a des chances pour que cet imprévu m'aide finalement à régler quelque chose que je n'avais pas encore réussi à dépasser.

Mon parcours regorge d'événements négatifs ou de « mauvaises » rencontres qui ont eu des conséquences positives. J'ai même l'impression que derrière chacun de ces incidents se cache toujours une « récompense » à la hauteur de la peur et des secousses engendrées ! Les obstacles sont souvent là pour nous aider à comprendre ou dépasser un blocage, et ils auront tendance à suivre un même scenario jusqu'à ce que l'on comprenne pourquoi ils réapparaissent. Mais, pour changer de destination, il faut changer de chemin : si on ne change pas quelque chose dans sa façon de penser, on finit toujours par commettre les mêmes erreurs. Même chose pour les gens que l'on rencontre : il n'y a pas de « mauvaises » personnes, seulement des rencontres qui nous aident à grandir et à apprendre – à nos dépens. Quoi qu'il arrive, ces rencontres, ces obstacles devaient advenir ainsi afin que l'on en tire un apprentissage.

Sortir de notre zone de confort, c'est prendre conscience du pouvoir illimité que nous détenons et des nombreuses solutions qui se présentent à nous. Face à une erreur de parcours, à un événement négatif, nous ne sommes plus bloqués par l'emprise de notre prisme, notre fameux ego, celui qui cherche à tout contrôler, qui ne prend pas en compte toutes les circonstances et qui, finalement, rétrécit notre champ de vision. Le but du jeu est d'aller chercher le positif dans le négatif, d'entraîner notre esprit. Une gymnastique à adopter afin d'apprendre à rebondir.

Si tu prends toujours le même chemin, tu arriveras toujours au même endroit.

LA GRATITUDE, UNE ÉMOTION QUI VIENT DU CŒUR

Nous avons tendance à nous plaindre très souvent et trop facilement, sans raison, parfois juste pour laisser s'exprimer une colère qui sommeille en nous. Pourtant, cela a de très mauvaises répercussions sur soi comme sur les autres car cela génère beaucoup d'énergie négative. On doit avoir conscience que lorsqu'on envoie des ondes négatives, on les appelle aussi, et on en reçoit en échange... Et vice versa, heureusement !

Être en bonne santé, entouré de sa famille ou de ses amis, avoir un toit sur la tête... tout cela, c'est déjà beaucoup et nous devrions en être reconnaissants à chaque instant. La gratitude est le sentiment de reconnaissance que l'on éprouve pour quelqu'un qui nous a rendu un service, nous a apporté un bienfait, ou pour un événement qui nous a donné de la joie. Savoir dire merci, avoir conscience que notre existence s'en trouve améliorée, éprouver cette énergie reliée à la bienveillance et l'activer régulièrement encourage l'Univers, le karma, à mettre davantage de chance, de succès et d'amour sur notre route et nous aide à concrétiser nos projets.

Chaque jour est un nouveau jour où l'on doit réaliser la chance que l'on a et mesurer nos actions à leur juste valeur : la gratitude implique d'avoir conscience que rien n'est jamais acquis. Ainsi, on reste toujours en éveil, humble, connecté au moment présent. On ne se sent pas blasé, on fait preuve de curiosité et d'étonnement pour le monde, on découvre de nouveaux horizons. Avoir de la gratitude pour tous les petits bonheurs du quotidien, chaque infime moment de bien-être permet d'avoir plus de clairvoyance sur notre vie et notre être et de mettre notre énergie dans des choses qui nous importent vraiment.

La gratitude est l'émotion qui vient du cœur, elle est donc nécessairement juste car elle est connectée à l'amour, qui conduit dans la bonne direction. C'est vraiment une habitude à cultiver au quotidien qui demande très peu de temps, mais qui apporte beaucoup. Pour la mettre en place, je vous recommande, chaque matin, pour bien commencer la journée, de prendre quelques minutes pour trouver trois choses pour lesquelles vous voulez exprimer de la gratitude. Et le soir, pour vous coucher sereinement, faites la même chose : réfléchissez à votre journée et trouvez trois raisons d'exprimer de la gratitude. Ce sera peut-être quelque chose à propos de vous-même, d'un événement en particulier, d'un geste ou d'un sourire ou d'une rencontre… tous ces petits bonheurs quotidiens qu'il faut apprendre à discerner et à valoriser.

« *La gratitude est la porte ouverte à la puissance, la sagesse, la créativité de l'Univers. Vous ouvrez la porte par la gratitude.* » Deepak Chopra

MÉMO

LES BIENFAITS DE LA PENSÉE POSITIVE

- On se sent bien, physiquement et mentalement. On s'éloigne du risque de dépression, de stress.
- Plus on est positif, plus on attire le positif.
- Plus on cherche le positif en chaque chose, plus on a de chances de le trouver.

- Chaque problème a une solution, ce n'est pas toujours celle que l'on avait imaginée : la pensée positive aide à la trouver.
- Plus on apprend à trouver le confort dans l'inconfort, plus on est fort, résistant et flexible. En s'adaptant à n'importe quelle situation, on contourne le négatif et on le transforme en positif.
- Plus on est positif avec soi-même, plus les autres le seront à notre égard ; plus on est positif avec les autres, plus ils le seront aussi avec nous.
- On se sent plus libre, plus léger. Se connecter au sentiment de la joie se traduit par le bien-être et le bonheur.

NOTA BENE

- Être reconnaissant, dire merci et cultiver la gratitude est l'une des clés de la pensée positive. Cela permet de mesurer la chance que l'on a. Et plus on mesure cette chance, plus elle viendra à nous.

QUELQUES EXERCICES POUR S'ÉVEILLER À LA PENSÉE POSITIVE

1. Prenez conscience de toutes vos pensées

• Installez-vous confortablement sur une chaise, au calme, avec de quoi prendre des notes. Vous allez faire le point sur votre état d'esprit.

• À quoi pensez-vous ? Sans jugement, listez spontanément tout ce qui vous passe par la tête à cet instant précis.

• Ces pensées sont-elles plutôt positives ou plutôt négatives ?

• De manière générale, vous considérez-vous comme quelqu'un de plutôt positif ou négatif ?

• Pensez moins. De manière générale, quand on pense trop, on finit par s'embrouiller.

NOTA BENE

N'oubliez pas : notre pensée est créatrice par défaut. On a souvent tendance à présumer des situations, tout en émettant ces pensées limitantes, elles risquent de se réaliser, on se crée une réalité limitée. Exemple : « Je suis sûre qu'ils n'auront plus de place pour moi », etc. Tant que vous ne le savez pas, ne projetez pas d'idées négatives.

2. Établissez des listes

Il est important d'avoir conscience de ses forces et de ses qualités autant que de ses défauts. Elles nous permettent d'avoir une idée plus juste de nous-même. Plus on se connaît, plus on avance sereinement.

Listez d'abord trois choses qui vous procurent de la joie. Savez-vous ce que vous aimez dans la vie ? Ce qui vous rend heureux/heureuse ? Les obligations du quotidien nous font parfois oublier ce que l'on aime, nous devons entretenir cette flamme avec nous-même, c'est elle qui apporte la joie, la motivation, la force et le courage.

Listez maintenant ce que vous aimeriez changer et réfléchissez : comment ces changements pourraient-ils améliorer votre vie ? On a souvent tendance à minimiser ses forces et ses qualités, à être dur avec soi-même et à oublier tout ce qu'on a fait de bien. Il peut être bon de temps en temps de se le rappeler afin de rebooster sa confiance et son estime de soi.

3. Rendez vos rêves réalisables

Vous avez des rêves, des envies, des ambitions ? Notez-les sur une feuille, ils prendront tout de suite du sens ! Si vous êtes persuadé(e) que vos rêves sont inaccessibles – c'est le cas pour beaucoup d'entre nous – à tel point que vous préférez ne pas y penser, cet exercice est très dur, mais il est fait pour vous : le seul moyen de réaliser un rêve est d'en avoir une idée précise et de l'énoncer clairement.

Une fois verbalisés ou écrits, nos rêves peuvent se matérialiser : on a émis une intention et le processus d'élaboration peut démarrer. Le rêve peut devenir réalité ! Ce pacte avec soi donne envie d'avancer et de mettre toutes les chances de notre côté pour aller jusqu'au bout.

4. Faites des compliments

Un vrai compliment est gratuit et sincère, il n'attend rien en retour et vient du fond du cœur, et il rend surtout la vie plus belle à celle ou à celui qui le fait comme à celle ou à celui qui le reçoit.

Faites un compliment sincère à une personne que vous croisez, que vous la connaissiez bien ou pas. Au bureau, en faisant vos courses, ou à un ami que vous retrouvez.

Envoyez un message à quelqu'un de votre entourage et observez sa réaction. Que ressentez-vous ?

Les compliments créent du lien, de l'attachement entre les êtres. Ils renforcent la confiance en soi parce qu'ils montrent à l'autre que vous vous intéressez à lui, à ce qu'il vit, à ce qu'il ressent. Et n'oubliez pas que la gentillesse appelle la gentillesse... À pratiquer partout, que ce soit au travail ou à la maison : changement d'ambiance garanti !

5. Faites plaisir à quelqu'un que vous aimez

Qu'il s'agisse de votre enfant, d'un collègue de travail, d'une amie ou de votre amoureux, avoir une attention pour quelqu'un viendra nécessairement embellir votre journée, renforcer votre joie et votre bien-être. Et n'oubliez pas le pouvoir de la gentillesse. Pas besoin d'occasion spéciale pour la mettre en pratique.

Quittez votre bureau un peu plus tôt pour aller chercher vos enfants à l'école, apportez le petit déjeuner au bureau ou rapportez son magazine préféré à votre mari : c'est l'assurance d'une surprise et d'un moment convivial qui vous fera autant de bien qu'à eux !

6. Retirez petit à petit les mots négatifs de votre langage

Notre langage, autant que notre attitude, est un moyen de communiquer avec le monde, avec les autres. Pour être l'acteur optimiste de notre propre vie, bannir de notre langage des expressions ou des mots négatifs est un bon point de départ. On a souvent tendance à exagérer et les mots que nous employons sont parfois beaucoup trop forts par rapport à la réalité. Attention à leur impact !

C'est impossible, je suis nul(le), tu n'y arriveras jamais, je n'en peux plus, je suis stressé(e)... voici quelques exemples de formules que vous entendez (et prononcez peut-être) quotidiennement et qui minent le moral sans que vous en ayez réellement conscience. Essayez de les supprimer de votre langage et vous verrez sûrement votre quotidien s'alléger.

Enfin, suivez ce conseil judicieux que j'ai reçu de l'un de mes patrons il y a quelques années : ne prononcez le mot « problème » qu'en cas d'extrême urgence. En évitant ce mot, vous déjouerez les problèmes et trouverez plus facilement des solutions aux petits incidents quotidiens !

LA REFORMULATION POSITIVE POUR TRANSFORMER VOTRE QUOTIDIEN

Apprenez à parler autrement :

- « Je n'y arriverai jamais » devient « Je vais faire de mon mieux ».
- « Ce n'est pas mon truc » devient « Je ne connais pas, je vais essayer ».
- « Quelle journée de m**** » devient « OK, il faut vraiment qu'il se passe un truc sympa maintenant ».

- « Je me suis encore planté(e) » devient « Bon, ce n'est pas pour cette fois. On retentera un autre jour ».
- « Je suis trop nul(le) » devient « Comment puis-je faire pour m'améliorer ».

COMMENT FAVORISER LA PENSÉE POSITIVE

Amusez-vous ! Lorsqu'on s'amuse, on se connecte à la joie, tout va mieux, on transforme tout de manière positive naturellement, même si l'on rencontre des problèmes. Faites ce que vous aimez, entourez-vous d'amour et d'amitié.

Quelles activités pratiquer ?

La musique, c'est scientifiquement prouvé, apaise les esprits et, par la même occasion, le corps. En pratiquant un instrument, en chantant, ou tout simplement en écoutant de la musique, on se connecte à des vibrations qui nous rechargent positivement. Créez une playlist de vos chansons préférées et en cas de stress passez-la en boucle, dansez : vous vous sentirez immédiatement mieux !

Les activités artistiques comme le théâtre, le dessin, la poterie, le chant... sont généralement reliées au cœur. En les pratiquant, vous apprenez, vous vous amusez et vous vous branchez sur de hautes vibrations créatives qui vous rechargent et vous libèrent des tensions quotidiennes.

La pratique d'un sport place le corps dans une posture d'action et fait circuler l'énergie. On élimine les toxines et, après chaque séance, une grande quantité d'endorphine et de dopamine est produite, offrant ainsi une sensation de bien-être et de plaisir.

Lire des livres, regarder des films, se promener, flâner dans sa ville, visiter un musée : tout ce qui peut vous faire rêver, faire voyager votre esprit et l'emmener vers de nouveaux horizons est une grande source d'optimisme.

Faites la cuisine ! Prendre le temps de réaliser quelque chose par soi-même est toujours satisfaisant : préparer un bon repas et le partager avec ceux qu'on aime, passer du bon temps ensemble est une source de bien-être inestimable.

Sortez ! Allez découvrir de nouveaux lieux, faites des choses nouvelles, voyez vos amis, votre famille, votre amoureux...

Apprenez quelque chose que vous avez toujours voulu faire, mais remis à plus tard : à jouer d'un instrument de musique, une langue, un sport...

Découvrez l'ésotérisme : voyance, astrologie, numérologie, oracle, pendule... il existe de très nombreuses façons de s'éveiller aux croyances ésotériques. Ces pratiques, personnelles et subjectives, sont des outils qui peuvent vous aider à en apprendre plus sur vous-même ou à voir plus loin que le bout de votre nez, à prendre de la hauteur. Attention toutefois à ne pas tomber dans l'excès et méfiez-vous des charlatans…

Ressourcez-vous auprès de la nature

Être en contact avec la nature apaise et renouvelle notre lien avec l'harmonie de la vie. Si vous êtes en ville et que vous éprouvez le besoin de vous calmer, de vous changer les idées, allez faire un tour dans un parc. Levez les yeux vers le ciel, regardez les nuages. Comment ils se séparent, se réunissent, comment l'ombre fait place à la lumière… Si vous vivez au milieu de la nature, prenez le temps de vous ressourcer en pleine forêt, à la montagne ou à la plage. La nature apaise notre esprit, donc notre corps. Une simple promenade en pleine nature, l'été quand il fait doux ou même en plein hiver, bien couvert, peut contribuer nettement à notre qualité de vie.

Et si vous vivez dans une grande ville et que vous n'avez pas la chance d'être entouré(e) de nature, faites-la venir à vous : les bienfaits des pierres naturelles, la naturopathie et les huiles essentielles sont des moyens efficaces pour se reconnecter à Dame Nature – en cas de petits bobos du quotidien mais aussi quand tout va bien !

Quand j'étais petite, ma tante me disait qu'il était bon de regarder l'herbe quelques instants et ne penser à rien d'autre que cette jolie couleur verte. Elle me disait que c'était bon pour les yeux, la vue et l'esprit. À l'époque, je trouvais cela bizarre mais aujourd'hui je le fais avec plaisir. J'ai l'impression de me recharger en énergie et, surtout, de voir des détails évidents qui évoquent les aléas de la vie. En observant l'herbe, un arbre, une fleur ou une feuille, on prend conscience que tout est vivant, que tout est en mouvement, les insectes, les plantes… comme nous !

Prenez soin de vous et de votre environnement

Prendre soin de soi permet de s'aimer davantage. Et si vous changiez de couleur de rouge à lèvres, aujourd'hui ? Si vous preniez rendez-vous pour un massage afin de vous détendre ? Et cette jolie jupe que vous avez repérée en vitrine, si vous alliez vous l'offrir ? **En vous occupant de vous, en vous faisant plaisir, vous développez un sentiment de bien-être et augmentez votre confiance en vous.** Changez de look ou de coiffure, testez des soins du visage ou portez des couleurs qui diffèrent de l'ordinaire : tout ce qui peut vous renvoyer une image positive de vous est une occasion de vous sentir bien. **Quand on ne s'aime pas, on ne peut pas être heureux et on ne peut pas aimer les autres.**

Notre environnement, lui aussi, est source de bien-être : on se sent nécessairement mieux dans un lieu agréable. **Faites du rangement !** Il y a un véritable parallèle entre votre intérieur (votre chez-vous) et votre pensée intérieure : mettre de l'ordre dans votre maison, ranger, jeter ce qui est encombrant ou inutile permet de faire de l'espace pour la nouveauté et la créativité. Un espace de vie soigné favorise un état d'apaisement : quand on rentre chez soi, rien de mieux que de retrouver son « havre de paix » pour se ressourcer !

Décorer, changer les meubles de place, ajouter une lampe ou une plante, repenser son intérieur, tout cela favorise le bien-être et la motivation même si on vit dans un petit espace. **En Asie, on accorde une attention particulière aux flux énergétiques de l'habitation** : le fengshui, qui veut dire littéralement « le vent et l'eau », est un art millénaire qui aide à équilibrer des énergies afin d'apporter sérénité, bonheur, prospérité et santé. Par exemple, je sais qu'il ne faut jamais mettre un miroir face à une porte d'entrée car c'est l'argent qui sort par la porte ; que la porte d'entrée ne doit pas donner sur les toilettes ; que la tête de lit ne doit jamais être dos à la porte afin de ne pas être surpris par une arrivée intempestive ! C'est souvent une question de bon sens, mais pour vous aider, vous trouverez facilement des sites qui donnent des conseils pratiques. Certaines personnes sont également spécialisées dans cette discipline, elles vous aideront à aménager votre intérieur en toute harmonie.

La chromothérapie, quant à elle, utilise le pouvoir des couleurs pour améliorer notre bien-être, chaque couleur ayant ses propres vertus : le bleu et le vert, par exemple, sont des couleurs apaisantes tandis que le jaune stimule la créativité. L'essentiel est de faire selon nos préférences et de créer un univers, autour de nous, en accord avec nos goûts et nos envies !

Quoi qu'il arrive, faites ce que vous aimez, aimez ce que vous faites, entourez-vous de gens que vous aimez et qui vous aiment : l'Amour avec un grand A est le repère qui ne trompe jamais, le moteur qui saura vous donner la force en toutes circonstances. **Quand on fait les choses avec amour, on ne se trompe jamais, on est en accord avec soi-même, on fait les choses avec le cœur, on se branche sur des ondes positives qui influent sur tout notre environnement.** C'est cette énergie qu'il faut s'évertuer à trouver partout, même dans les plus infimes tâches du quotidien !

Rêvez les yeux grands ouverts

Nous avons tous des rêves, c'est vital. Des petits ou des grands, des rêves d'enfant ou des rêves plus récents. Trop souvent, nous préférons les laisser enfouis, en se disant qu'ils sont irréalisables, que ce n'est pas le moment ou même que « ce n'est pas pour nous ». Pourtant, la plupart de ces rêves sont réalisables : avant tout, il faut y croire et se donner les moyens de les réaliser.

La première étape pour réaliser son rêve, c'est de le visualiser et de s'y projeter. Pensez-y, parlez-en autour de vous, imaginez tous les détails de sa réalisation et de l'objectif final que vous souhaitez atteindre : plus vous le rendrez réel, plus votre rêve aura de chances de se réaliser.

Surtout, ne vous limitez pas, voyez grand et soyez ambitieux/ambitieuse, verbalisez les choses comme vous souhaitez qu'elles se concrétisent : arrêtez de vous autocensurer. Essayez avec cet exemple tout simple : où rêvez-vous de partir en vacances ? Ne pensez pas au budget que ça représente et dont vous ne disposez pas ou aux jours de congés qu'il vous faudra poser. Non, interrogez-vous seulement sur votre destination. Si vraiment c'est votre rêve, il sera temps ensuite de tout mettre en action pour l'atteindre.

Sofia, qui travaille aujourd'hui dans mon équipe, m'a raconté une anecdote à ce sujet. Après avoir lu *Le Secret* et découvert les lois de l'attraction, elle s'était mise à appliquer les conseils de Rhonda Byrne et passait son temps à demander une multitude de choses à l'Univers en se disant qu'elle avait toutes ses chances de les voir se concrétiser. Alors qu'elle était en recherche d'emploi et rêvait de partir en vacances aux Caraïbes, qu'elle y pensait sans cesse, passait son temps sur les sites de voyages et se projetait déjà sur une plage paradisiaque, elle a été recrutée comme GO par un club de vacances aux Antilles ! Bien sûr, il ne s'agissait pas de vacances et de farniente, mais son rêve de Caraïbes allait pouvoir se réaliser. Elle a pris conscience à ce moment-là du réel pouvoir de la pensée créatrice. Et c'est bien pour cette raison qu'elle est dans notre équipe de TGMC !

En finir avec les croyances limitantes, c'est s'ouvrir un immense champ des possibles. En cherchant à tout contrôler en permanence, à croire toujours tout savoir et tout comprendre, on limite notre champ d'action. Vous voulez que votre patron vous augmente ou qu'il accepte votre semaine de congé ? Pourquoi vous imaginer qu'« il ne voudra jamais, c'est sûr » ? En raisonnant ainsi, notre esprit construit une réalité qui n'est pas LA réalité : comment savoir ce qu'il va répondre si vous ne lui posez pas la question ? Pourquoi partir perdant(e) ? Sa réponse sera la seule réalité tangible, et toutes les configurations sont alors possibles, alors que présumer de son choix avant même d'en avoir parlé au principal intéressé est totalement limitant et contreproductif.

Alors que j'étais consultante pour le groupe de textiles pour enfants KIDILIZ (dont la marque Catimini fait partie), l'une de mes missions consistait à développer des collaborations pertinentes et modernes pour en développer la visibilité. Quel formidable terrain de jeux pour mon imagination débordante, ma créativité sans limites et mes idées qui ne demandent qu'à pouvoir être mises en action !

Je propose un jour à Sandrine, la directrice, de contacter une jeune danseuse talentueuse qui a le vent en poupe et qui fait le buzz sur les réseaux du monde entier pour lui proposer une collaboration. Toute l'équipe adore l'idée mais pense que la danseuse ne répondra même pas à notre message… Qu'à cela ne tienne, je me lance et la contacte sur Instagram. Après quelques heures seulement, la jeune femme me répond qu'elle est partante et me donne le numéro de son agent. Sandrine est ravie mais me fait part de sa nouvelle crainte : la danseuse est hors de prix, on n'aura jamais le budget… Elle n'ose même pas la contacter ! Mais je ne lâche pas, on ne sait même pas combien elle pourrait demander, il suffit de lui poser la question, comme ça, au moins, on sera fixées ! Sandrine est toujours sceptique, mais j'insiste tellement qu'elle finit par contacter l'agent de la jeune fille… qui répond rapidement et nous propose un budget qui rentre dans notre enveloppe. Et l'affaire est conclue quelques jours plus tard !

En réalité, nous avons tous tendance à réagir comme Sandrine : nous imaginons des choses, les tenons pour acquises, nous fermant des portes involontairement alors qu'il suffit de demander. Cette demande, c'est souvent notre premier frein, car nous avons peur de vexer notre ego, qui prend si mal les choses… Alors on préfère ne pas oser. Mais si la réponse de notre danseuse avait été négative, il n'y aurait rien eu de grave, on serait passées à autre chose, j'aurais trouvé une autre idée. Au moins, on n'aurait pas perdu un temps fou à se demander si on n'avait pas laissé passer une belle occasion !

MES ASTUCES QUAND J'AI UN PETIT COUP DE MOU…

Quand je ne me sens pas en super forme, que je n'ai pas trop le moral, je sais que pour me changer les idées et aller tout de suite beaucoup mieux, des choses très simples marchent à tous les coups. La première chose à faire, bien sûr, c'est de repenser aux 5 points de TGMC Je suis sûre que vous avez vous aussi des petits trucs. Pour vous aider, je vous livre les miens !

• *Relativiser*. Lorsqu'une contrariété s'installe, on peut avoir tendance à voir tout en noir. Il est essentiel de relativiser, revenir à la réalité avant de trop s'emballer. Posez-vous les bonnes questions : suis-je en bonne santé ? Ai-je de quoi manger tous les jours, un toit sur ma tête ? Ce qui m'arrive, est-ce que c'est vraiment grave ?

• Après vingt ans sans faire de musique, *je me suis remise au piano* il y a quelques années. J'adore jouer des morceaux que j'aime bien, en découvrir de nouveaux. Déchiffrer une partition est même devenu un plaisir : c'est gratifiant de constater les progrès que je fais, et quel bonheur de ne penser à rien d'autre quand je joue ! Les ondes de la musique m'apaisent, mon esprit s'échappe, et c'est un des rares moments juste pour moi, où je suis dans ma bulle, déconnectée de tout. Dès que je suis contrariée, je me mets au piano, je me sens plus calme en quelques minutes seulement, et j'ai plus de recul pour trouver des solutions à mes soucis.

• *Je regarde des extraits de mes films préférés.* Je vous l'avoue, il s'agit surtout de ce qu'on appelle en anglais des films « cheesy » et « feelgood » (des comédies romantiques un peu nunuches mais tellement réconfortantes !). Mon préféré ? À bientôt 40 ans, c'est *Pitch Perfect*, une comédie musicale en plusieurs parties autour d'un groupe de musique sur lequel personne ne misait au départ et qui finit par gagner… Disons que cette histoire résonne pas mal en moi ! Je me souviens qu'un de mes collaborateurs m'avait dit un jour en surprenant un extrait sur mon écran : « Ah, mais en fait tu étais sérieuse quand tu disais que tu le regardais tous les jours… je pensais que tu disais ça pour plaisanter ! »

• *Je mets à fond dans mon casque ou à la maison l'une des musiques de ma playlist* : depuis que je suis ado, je compile tous les titres que j'aime ; il suffit d'en lancer un au hasard et hop, c'est reparti ! Si, si, je vous assure, Ace of Base[1], c'est encore d'actualité.

---

1. Groupe pop suédois des années 1990

• *J'ai toujours été attirée par l'astrologie, les cartes*... Ce sont des outils repères, comme la météo : ils indiquent des tendances et c'est à nous de nous adapter.

LES ORACLES D'ISA

Isabelle Cerf, médium et diplômée de psychologie, est issue d'une famille très sensible à la spiritualité et la médiumnité. Enfant, elle a vécu plusieurs expériences troublantes et s'est toujours posé des questions sur le sens de la vie et le pouvoir de la pensée créatrice.

Aujourd'hui, Isabelle pratique des guidances[1] et des soins énergétiques et partage ses bonnes ondes sur son blog et son compte Instagram[2] où elle dit tout, sans langue de bois, avec beaucoup de douceur.

« Tout le monde est doté d'une puissance intérieure, sans en être nécessairement conscient. Grâce aux oracles, à des soins énergétiques fondés sur les vies antérieures et aux guidances, chacun est en mesure, tout en conservant son libre arbitre, de comprendre les blocages qui l'empêchent de se réaliser pleinement et de prendre conscience de son potentiel – parfois en sommeil –, de son originalité et de sa liberté.

1. La guidance est l'art de diriger quelqu'un, d'accompagner une personne afin qu'elle comprenne sa place dans sa propre vie.
2. www.lesoraclesdisa.fr et @les_oracles_disa

L'astrologie et les oracles sont des outils de résonnance qui élargissent à l'infini le champ des possibles. On peut faire le choix de nourrir ses résistances et de rester sur un chemin semé d'imprévus, mais on peut également décider d'être à l'écoute des signes et d'utiliser les outils à notre disposition pour se placer dans une énergie d'évolution. Dans les deux cas, on avance et surtout, on apprend ; pas dans les mêmes conditions ni de la même façon, mais c'est une question de choix.

Chaque personne a son propre chemin pour se connecter à elle-même et à ses énergies. Il n'y a pas de bons ni de mauvais chemins, simplement des chemins uniques et personnels. L'astrologie est captivante, elle donne des informations sur sa personnalité, les énergies extérieures mais aussi le chemin à parcourir.

Quant aux **oracles**, ils mettent en lumière des messages qu'on n'ose pas toujours écouter ou bien ils viennent confirmer des ressentis.

Un soin énergétique peut être très efficace pour se libérer et comprendre ses blocages intérieurs par l'intermédiaire d'un travail sur les chakras ou les vies antérieures – en cas de problématiques plus anciennes que sa propre vie.

Les cristaux, eux aussi, sont des alliés de poids, ils peuvent accompagner une démarche de découverte de soi.

Ce qui est primordial, c'est d'être conscient que nous avons le pouvoir de faire changer les lignes de son destin à tout moment. Nous sommes acteurs de notre vie et chaque rencontre, chaque choix, chaque expérience de guérison est le signe de notre libre arbitre. En prenant conscience de cette force vitale, en étant dans le rayonnement intérieur, on projette de la lumière à l'extérieur. Cela ne signifie pas qu'il n'y aura jamais de blocages ou de situations compliquées, mais on peut choisir de se dire que chaque situation est une occasion d'apprendre plutôt que de subir les choses. Tout est possible quand on le décide ! »

LES LIVRES QUI M'ONT ÉCLAIRÉE SUR LA PENSÉE POSITIVE

Rhonda Byrne, *Le Secret*, éditions Un Monde différent, 2008 : si vous n'avez pas l'habitude de lire des ouvrages de développement personnel, je vous recommande de commencer par celui-ci. Vous en retiendrez une chose essentielle : tout est possible.

Wayne D. Dyer, *Le Pouvoir de l'intention*, éditions ADA, 2012 ; J'ai lu, 2006 : ce livre a été pour moi une révélation, il a eu un effet immédiat et radical sur ma vie et la façon de la prendre en main. Il m'a fait prendre conscience que tout part d'une intention, d'une pensée, et surtout, que nous sommes les acteurs de notre vie, responsables, qu'on le veuille ou non, de ce qui nous arrive. Lorsqu'on accepte de faire partie de ce grand tout et que l'on se connecte à l'intelligence universelle, on peut réaliser nos souhaits. On apprend à ne plus penser « comment » réaliser ce que l'on souhaite, mais à savoir « pourquoi » on souhaite le faire, au fond, car c'est l'intention elle-même qui est le moteur de la réalisation de tout ce que nous faisons. Quand l'intention est là, le résultat est à portée de main.

Miguel Ruiz, *Les Quatre Accords toltèques*, éditions Jouvence, 2017 : un livre très simple qui contient essentiellement des règles pleines de bon sens applicables à tous les cas de figure de notre quotidien, pour une vie plus légère et plus libre.

Mark Rhodes, *Think Your Way to Success : How to Develop a Winning Mindset and Achieve Amazing Results*, John Wiley And Sons Ltd, 2012 : cet ouvrage n'existe qu'en anglais mais il est court et se lit facilement grâce à des termes simples et des exemples concrets. Il a surtout le pouvoir de donner une pêche de dingue et l'envie de réaliser ses rêves !

Dr Serge Marquis, *On est foutu, on pense trop. Comment se libérer de Pensouillard le hamster*, Points, 2016 : ce livre est génial ! Une façon simple et humoristique de prendre conscience qu'on réfléchit beaucoup trop, ce qui contribue à augmenter notre stress, et qu'il est urgent d'apprendre à ralentir, à ne plus subir la dictature de l'ego pour vivre dans le moment présent et en toute liberté.

TROIS FEMMES INSPIRANTES QUI CONFIRMENT QUE TOUT EST POSSIBLE !

J'ai choisi d'interroger trois femmes incroyables qui ont contribué à leur façon à l'histoire de TGMC. Je leur ai posé à toutes les mêmes questions : quelle était la faiblesse qu'elles avaient su transformer en force et quel avait été le déclic.

Nathalie Rozborzki, directrice générale déléguée de NellyRodi et présidente de Elles in Louvre, une association dédiée au bien-être des femmes et des familles

« Ma vie a changé lorsque j'ai frôlé le burn-out à la suite d'une période professionnelle chargée et compliquée. J'ai alors eu comme un déclic, j'ai compris qu'il fallait que je prenne la vie différemment ; j'ai pris conscience de mon amour infini pour la vie : je me drogue à l'énergie du quotidien ! Aujourd'hui, j'ai réussi à apaiser mon autoritarisme naturel, à le calmer pour le transformer en leadership inspirant.

Le matin je me lève quasiment toujours avec une énorme dose de motivation. Je me sens comme une athlète de haut niveau : avoir un poste à très hautes responsabilités tout en étant une femme engagée et maman de deux jeunes enfants, ça demande une très bonne hygiène de vie et beaucoup d'organisation. Mais c'est comme ça que je suis heureuse, dans la quête de la performance au quotidien avec panache et énergie. »

« Le meilleur moyen de prévoir le futur
c'est de le créer. »
(Peter Drucker)

Valérie-Anne Demulier, fondatrice du réseau
She for S.H.E à New York

« Belge expatriée à New York depuis bientôt cinq ans, j'ai créé le réseau des femmes francophones She for S.H.E (Sharing Helping Empowering) en janvier 2016 afin de connecter entre elles les femmes expatriées francophones qui souhaitent lancer leur entreprise aux États-Unis.

Lorsque je me suis lancée dans ce projet, j'ai complétement quitté le monde du droit (je suis avocate en droit des affaires), sa sécurité et son confort : j'ai eu du mal à me faire confiance, à croire en moi, à combattre ce fameux syndrome de l'imposteur... Mais j'ai écouté la petite voix qui me disait de foncer, de me connecter à moi-même et d'être attentive à mon ressenti (merci la méditation !).

Aujourd'hui, parce que j'ai osé quitter ma zone de confort, j'ai développé une multitude de nouvelles compétences, et je suis bien plus épanouie : je rencontre des femmes passionnantes et inspirantes, et leurs feedbacks, les retours d'expériences incroyables, leurs changements de vie, tout ça me rend profondément heureuse. »

« Écoute ton instinct, tu sais mieux que quiconque ce qui est bon pour toi. »

Sylvie Ganter-Cervasel,
fondatrice d'Atelier Cologne et marraine de cœur de The Good Mood Class

« À 35 ans, j'ai changé de vie. Je vivais à New York, je dépensais beaucoup d'énergie dans mon travail, je manquais de temps avec mes deux petites filles et je me sentais seule dans mon mariage. Je m'épuisais dans une roue infernale, mais ma tête ne lâchait rien. C'est mon corps qui a lâché le premier. Et j'ai décidé de l'écouter : j'ai quitté mon mari et mon boulot, vendu mon appartement et créé ma marque de parfums avec mes économies – et mon nouvel amoureux. J'ai déménagé à Paris pour donner naissance à notre enfant.

Je n'ai pas eu le droit de ramener mes filles en France... J'ai donc péniblement dû mettre en place une forme de garde alternée. Cela fait maintenant huit ans que je fais deux allers-retours de cinq jours par mois entre Paris et New York. Et je passe toutes les vacances avec mes filles. J'ai appris à me libérer du jugement des autres pour vivre pleinement cette nouvelle vie peu conventionnelle. J'ai choisi d'écouter mon cœur, mon corps, de vivre "alignée", de faire confiance à la vie.

Au quotidien, le kundalini yoga m'aide à ressentir et respirer, à me sentir centrée, ancrée. J'ai compris que pour atteindre mes objectifs, je devais cesser d'être dans l'effort surhumain. Dans l'action oui, mais pas dans l'effort. Et surtout dans la joie, entourée de ceux que j'aime, en paix avec celle que je suis devenue. »

LA PENSÉE POSITIVE

Nos pensées se traduisent par la parole et se transforment en action.

Il y aura toujours du négatif dans du positif et du positif dans le négatif, l'essentiel est d'avoir conscience que l'un ne va pas l'un sans l'autre, et que l'on peut toujours transformer le négatif en positif. Le positif attire le positif, le négatif attire le négatif, nous sommes les seuls à chaque instant à pouvoir modifier la situation.

Faites ce que vous aimez. Aimez ce que vous faites, entourez-vous de gens qui vous aiment et que vous aimez. L'amour est l'onde la plus forte, celle du cœur, elle ne trompe jamais.

N'attends pas que tout se passe mieux pour aller bien, fais de ton mieux et tout ira bien.

CLÉ N° 5

L'ACCEPTATION

L'acceptation, une notion pas si simple…

On sait bien ce que « accepter » veut dire ; de manière générale, l'acceptation est un consentement, un accord avec un projet, une idée, une situation. Pourtant, dans notre quotidien, ce concept est souvent remplacé, sans que nous y prenions garde, par de la tolérance ou de la résignation, face à une expérience pénible ou des situations classiques occasionnées par la vie. Mais s'accommoder de ces situations, ce n'est pas les « accepter » réellement. Pour être bien réelle, l'acceptation doit être profondément ancrée au fond de soi, condition *sine qua non* pour ne pas se laisser envahir par la colère, la frustration, les regrets et l'ensemble des émotions qui nous apportent de la douleur.

Pour commencer, il est indispensable de s'accepter soi-même, même si c'est sans doute le plus difficile : on aimerait tant être plus comme ceci ou moins comme cela… S'accepter, c'est se reconnaître dans la globalité et dans les détails de tout notre être. Ce que nous projetons à l'extérieur est le reflet de notre intériorité : on ne peut pas accepter ce qui nous semble bon et rejeter ce qui ne nous plaît pas, ce qui nous encombre… Vous avez remarqué comme on a tendance à être dur avec soi-même et surtout à se comparer aux autres qui, eux aussi, peuvent parfois être l'objet de notre jugement ? Il faut accepter les gens comme ils sont, à commencer par nous-mêmes ! Vous aimeriez être accepté(e) pour ce que vous êtes, alors commencez par vous accepter tel(le) que vous êtes.

Ensuite, et ce n'est pas vraiment plus simple – c'est pour cela que cette clé arrive après toutes les autres… –, il faut accepter que les choses se soient passées comme elles se sont passées. Même lorsque cela ne s'est pas bien passé. Car c'est la seule réalité. Tout ce qui s'est passé résulte d'un certain cheminement, d'une conséquence dépendante des différents facteurs avec lesquels nous sommes en rapport direct et dont nous sommes responsables.

L'acceptation, c'est la seule réalité pour avancer dans le même sens que le mouvement de l'Univers. La découverte de cette acceptation passe par la découverte de soi-même.

L'ESTIME DE SOI, LA CLÉ DE L'AMOUR ET DE LA RÉUSSITE

Comment faire pour s'accepter tel que l'on est, sans jugement, quand on a pris l'habitude de s'autocritiquer facilement ? Qui n'a jamais rêvé d'avoir un physique différent ? D'être plus intelligent ? Moins timide ?

Quand j'étais petite, je rêvais d'avoir les cheveux clairs et bouclés, alors que mes amies rêvaient de mes cheveux lisses et raides d'Asiatique ! Je crois que j'aurais bien aimé aussi avoir quelques centimètres de plus, les yeux clairs, moins de problèmes de peau… la liste serait longue à dérouler ici ! Une chose est sûre, je ne serai jamais plus grande. Mais je peux porter des talons. Je ne serai jamais naturellement bouclée. Mais je peux faire onduler mes cheveux au fer à friser ou chez le coiffeur. Quant à ma peau, j'ai appris à en prendre soin, à la maquiller… Autant d'astuces pour remédier à mes « défauts ». D'ailleurs, même si je l'ai compris un peu tard, je sais aujourd'hui que mon eczéma est l'une des meilleures choses qui me soient arrivées : c'est un indicateur qui me dit quand quelque chose ne va pas, que mon esprit ne voit pas. Il se manifeste pour me dire que je ne vais pas dans la bonne direction… et il est toujours temps de changer !

Se lamenter sur mon sort et regretter de ne pas être ce que je ne suis pas ne changerait en rien la situation ; en revanche, pour mieux la vivre, c'est en agissant que j'ai pu me rapprocher de ce que je souhaitais.

Quand aucune action n'est envisageable pour remédier à un état de fait qui ne vous convient pas, rien ne sert d'y penser continuellement ou d'en parler à tort et à travers : la situation ne changera pas, vous n'y pouvez rien. Tout ce que vous réussirez à faire, c'est entretenir des pensées négatives dans votre esprit. Et je vous rappelle que ces pensées négatives, nous l'avons évoqué dans le chapitre précédent, par la loi de l'attraction, attireront nécessairement d'autres pensées négatives, au risque de créer finalement encore plus de négatif dans votre réalité…

Nous sommes tous différents, uniques par notre physique, nos facultés mentales : il faut en être conscient et l'accepter.

L'estime de soi, il faut bien le dire, dépend aussi de notre éducation, de l'image que nous auront renvoyée nos parents, nos proches, de l'amour qui nous aura été porté enfant, ou non… Et souvent cette image est en rapport avec celle que les parents de nos propres parents avaient d'eux ! Et que dire de la société actuelle, des médias et des réseaux sociaux : ils nous renvoient sans cesse à des normes physiques, où le culte de l'égo et de la performance nous engage dans une course permanente pour laquelle on n'a pas signé mais à laquelle on participe tacitement.

L'amour de soi est essentiel pour accéder à une vie heureuse et épanouie. C'est la clé qui nous ouvre les portes de la réussite, de l'amour de l'autre, de la santé. En effet, ne pas s'aimer (ou pas suffisamment) signifie qu'une part de nous s'estime indigne du meilleur… Sans le vouloir, on empêche au meilleur de se manifester dans notre vie. Aimez-vous comme vous aimeriez qu'on vous aime.

ACCEPTER SON PASSÉ ET SES ERREURS, SURMONTER SES PEURS ET SES ZONES D'OMBRE

Lorsque nous naissons, nous sommes tous dotés d'un patrimoine génétique, et nous héritons avec lui des émotions ou des souffrances enregistrées dans les cellules de nos parents. En d'autres termes, un traumatisme, une douleur non apaisée pourront nous avoir été transmis à la naissance : à nous de réagir face à ces « empreintes » du passé pour travailler sur notre construction. Choisir d'oublier ce passé parfois douloureux pour avancer est une démarche contre-productive, car, dans le déni, on n'avance jamais vraiment sereinement. Mieux vaut savoir d'où l'on vient et de comprendre ces éventuels blocages latents pour savoir où l'on va…

Être dans le déni de ses origines, de ses racines ou de ses ancêtres, par honte du milieu dans lequel on a grandi, par exemple, ou de l'histoire familiale, ne nous permettra pas de construire notre propre chemin, car la vie a généralement tendance à nous rappeler à l'ordre si nous n'avons pas réglé ces problèmes avec nous-même. **Des obstacles continueront à se présenter tant que nous n'aurons pas réussi à accepter la réalité.**

Ce n'est qu'en acceptant d'aller chercher dans ces zones d'ombre, dans ces recoins de nous-même qui parfois sont inquiétants, en nous connaissant mieux et en apprenant à dompter ces peurs que nous pourrons avancer sereinement sur notre chemin. En acceptant ces peurs plutôt qu'en cherchant à les dissimuler tant bien que mal. Certes on est plus vulnérable, mais plus ancré aussi dans la réalité et aligné avec soi-même. En se déchargeant de ces peurs, notre cheminement en est allégé, on est plus serein, on avance dans la bonne direction. Surtout, on apprend ainsi à se connaître en profondeur et à être honnête avec soi-même, ce sont de bonnes énergies qui attireront des personnes dotées des mêmes intentions dans notre vie.

Avoir conscience de ses peurs, de ses lacunes, de ses erreurs, c'est apprendre à les dompter, faire un pas en avant vers la guérison. Et comme pour tout, il y a un temps pour chaque étape. On dit que les obstacles sont toujours à la hauteur de la personne qui les surmonte. Si un obstacle est sur votre chemin, c'est que vous avez la possibilité de le surmonter ; ce qui, en plus, vous aidera à grandir et à avancer.

NUL N'EST PARFAIT, L'ERREUR EST HUMAINE !

Nos erreurs font partie de notre apprentissage, de notre parcours, de notre histoire. Surtout, elles nous offrent l'opportunité de grandir. L'un des blocages les plus courants est la peur de se tromper : beaucoup de gens n'osent pas faire, dire, penser ou être comme ils le souhaiteraient parce qu'ils ont peur de commettre une erreur. Mais si vous êtes en accord avec vous-même, que vous faites les choses avec votre cœur et que vous y mettez des émotions positives, vos erreurs ne pourront pas vous être reprochées. Si vous vous engagez vis-à-vis de vous-même, si vous croyez en vous, vous vous libérerez du jugement des autres et gagnerez la liberté de vous tromper, de dépasser vos limites et de voir s'ouvrir un immense champ des possibles. Ayez le courage de vous tromper, vous ne le regretterez jamais !

À vous le refrain entêtant de *La Reine des neiges* que tous les enfants reprennent en chœur : « *Libérée, délivrée ! Désormais plus rien ne m'arrête. Libérée, délivrée. Plus de princesse parfaite.* »

Apprendre à se connaître et mieux s'écouter

Parfois on pense aimer quelque chose, mais en y réfléchissant sérieusement, on se rend compte qu'il ne s'agit que de mimétisme ou de conformité. Par peur de ne pas être comme tout le monde, on garde enfoui ce sentiment et on avance tête baissée. **Pourtant, s'avouer les choses**, reconnaître qu'une situation, une personne ou un événement nous déplaît ou ne nous convient pas, être honnête avec soi-même **nous aide à être en accord avec ce que nous sommes vraiment**. Si on passe des années à se forcer, on ne sait plus exactement ce qu'on aime ou pas, et finalement, qui on est vraiment… Lorsque l'on n'est pas en accord avec soi-même, quelque chose sonne faux en nous, et, à un moment, notre corps ou un événement extérieur finira par se manifester. Tant mieux, il nous aidera à en prendre conscience. Malheureusement, ces piqûres de rappel peuvent parfois faire mal. Mais une fois qu'on a compris le mécanisme, il est possible de déceler le message avant qu'il ne soit trop tard.

Toute ma vie, je me suis forcée à manger de la galette des rois… Je sais, c'est un peu idiot, mais j'avais fini par croire que j'aimais ça ! De nature plutôt gourmande, je me réjouissais, comme tous les enfants autour de moi, de l'arrivée de cette période des galettes, guettant avec impatience si la fameuse fève se trouvait dans ma part.

Je savais, au fond, que je n'aimais pas la galette ; ce goût de frangipane, d'amande, ça ne me plaisait pas vraiment… mais je n'ai jamais osé le dire, ni même le penser car tout le monde aimait tant la galette des rois qu'il n'avait pas l'air possible de ne pas aimer cela ! Il y a quelques années – oui, quelques années seulement – j'ai eu comme une soudaine envie d'être honnête avec moi-même : je déteste la galette des rois ! La pâte feuilletée trop beurrée et la frangipane trop lourde, c'est terminé pour moi. Le jour où je l'ai enfin dit et que j'ai cessé de me forcer à en manger, cela a été comme une « révélation », un grand soulagement ! Bien sûr que c'était évident et que j'aurais dû le faire plus tôt, mais je n'avais pas osé… Et cette sensation évidente de soulagement m'a plu et m'a fait un bien fou : j'étais parfaitement en accord avec mon ressenti. Comment avais-je pu me mentir à moi-même pendant si longtemps pour un si petit détail ? Cet exemple n'en est qu'un parmi d'autres ; je vous invite vous aussi à réfléchir à ces choses que vous faites peut-être sans y réfléchir, pour les autres, pour les convenances et malgré vous…

Nous avons tous nos défauts et nos qualités. Or, on a souvent une fâcheuse tendance à voir davantage nos défauts que nos qualités, et **à force de focaliser sur nos 20 % de défauts et de ne pas voir nos 80 % de qualités, ces petits 20 % finissent par prendre 80 % de place dans nos esprits**… Et notre estime, notre amour-propre en prennent un coup et on n'est pas toujours très à l'aise avec nous-même. Mais **si nous ne**

sommes pas à l'aise avec nous-même, comment être bien avec les autres ?

C'est pourquoi il est indispensable d'identifier nos défauts afin de travailler dessus, et de (re) connaître nos points forts pour les utiliser à bon escient afin d'avancer, de concrétiser des projets, de réaliser ses rêves. D'autant que les aléas de la vie, nos émotions, notre humeur du moment, notre entourage ou le niveau de stress ambiant ne nous permettent pas de réagir toujours de manière constante et opportune. Et, dans la mesure du possible, il faut essayer de transformer ses points faibles en forces.

Quand j'ai commencé les TGMC, je ne me sentais pas vraiment légitime, n'étant ni coach, ni psy, ni médecin. Mais j'étais là avec mon empathie et mon expérience d'employée. Ce que je pouvais faire, c'était me mettre à la place des salariés.

Par la suite, j'ai appris que ce que les gens apprécient dans les TGMC, c'est qu'elles ne ressemblent à rien de ce qu'ils ont fait avant. En n'étant pas du métier, je ne suivais aucune « règle », aucun « process », car je ne connaissais pas les us et coutumes du développement personnel. Ce qui a fait la différence avec ce qui existait déjà. Cela montre comment ce que je pensais être mon point faible peut parfois se transformer en point fort.

Apprendre à se connaître, c'est accepter ses erreurs, ses défauts, avoir conscience de ses propres limites et de ses peurs. Assumer ce que l'on est et ce que l'on veut. Même si ça ne convient pas à tout le monde ! Une fois que l'on est dans l'acceptation de son moi profond, que l'on connaît ses vulnérabilités, on est tellement plus fort que l'on pouvait l'imaginer ! Connaître ses faiblesses est une grande force, qui nous permet d'avoir une réelle conscience des circonstances et situations et ainsi de trouver les solutions qui nous permettront d'avancer.

Apprendre à s'écouter, faire confiance à son instinct, c'est parfois un peu déstabilisant car on a peur de perdre le contrôle à trop écouter ses émotions. Pourtant, c'est la meilleure façon d'être vraiment heureux et de vibrer, de se faire plaisir et d'avancer sereinement sur notre chemin de vie.

Apprendre à se détacher du regard de l'autre. Souvent, nous accordons beaucoup trop d'importance à ce que les autres vont penser ou dire. Nous agissons alors en conséquence avec le risque de ne plus être en accord avec nous-même. Pas étonnant qu'arrive un moment où nous nous sentons mal !

Nous sommes tous plus ou moins dotés d'un certain sens de l'intuition, qui selon la pratique va s'aiguiser, mais surtout, l'intuition, c'est notre « moi » profond et réel qui parle, celui qui se met en mouvement avant le raisonnement et l'influence des autres. C'est souvent cette petite voix au fond de nous qu'on essaie de faire taire car elle nous fait craindre de ne pas être « raisonnable ».

Lors de mon dernier poste en start-up, j'avais une situation professionnelle très confortable, je participais à un beau projet qui prenait de l'essor, j'avais l'impression de contribuer à une cause qui me tenait à cœur. Pourtant, avec le temps, la situation a commencé à changer. L'entreprise a pris de l'ampleur, il y a eu de plus en plus d'employés, de pression, de responsabilités, tout allait plus vite et je ne me sentais plus à ma place. Mon corps m'envoyait de plus en plus de signes : mon eczéma est revenu petit à petit sur mon corps avant d'envahir mon visage. J'ai même avalé ma couronne dentaire pendant mon sommeil... Plutôt que de refouler ces signes évidents que m'envoyait mon corps, j'ai préféré les affronter : il était temps que je parte. Pour aller où ? Faire quoi ? Comment ? Je n'en avais aucune idée, mais mon corps avait tiré sur la sonnette d'alarme, je devais partir et cesser tout ce que je faisais qui visiblement me mettait « mal dans ma peau ». Quand j'ai quitté l'entreprise, j'ai eu la sensation de sauter d'un bateau sans bouée, mais j'avais l'intime conviction d'avoir fait le bon choix. Celui d'aller de l'avant et de ne pas rester sur le pont à voir défiler une vie qui ne me correspondait plus. Je n'ai jamais regretté d'avoir fait ce grand saut, sinon je ne serais pas en train d'écrire ces lignes !

- Je m'accepte tel(le) que je suis, avec mes défauts et mes qualités.
- Je traite les gens comme j'aimerais qu'ils me traitent.

- Je m'aime comme j'aimerais être aimé(e) et pour ce que je suis.
- Mes défauts et mes erreurs font de moi ce que je suis, ils me permettent d'en apprendre davantage sur moi et de grandir.
- Plus je parviens à surmonter les obstacles, plus j'augmente ma résistance et ma capacité à affronter la vie, et mon sentiment de peur s'estompe.
- Plus je fais d'erreurs, plus j'apprends et plus je m'améliore.

Accepter les autres tels qu'ils sont

Entourage, famille, amis, collègues… notre vie est faite de moments de partage, de rencontres et de relations. Tous ces gens ont une influence sur nous et conditionnent d'une certaine façon notre personnalité, dès notre naissance. Tout au long de notre vie, ces relations nous façonnent et participent à notre développement personnel. Pour les rendre riches et positives, il est indispensable de savoir accepter les autres tels qu'ils sont et d'accepter leurs différences.

Nous avons tendance à juger, critiquer les uns et les autres, donner notre avis sur tel ou tel comportement, mais soyons clairs : cela ne nous regarde pas ! Nous n'aimons pas être jugés, alors ne jugeons pas les autres, nous ne connaissons pas leur histoire, leur éducation, les raisons qui les poussent à agir ou à penser d'une certaine façon. Il faut être conscient que ce que nous pensons n'est pas forcément la réalité, et notre réalité n'est pas la leur, donc juger les autres ne sert à rien mis à part créer des malentendus et perdre du temps.

Lorsque nous regardons les autres, c'est en réalité notre propre image que nous observons, comme si celle-ci se reflétait dans un miroir. La plupart des gens affirment haut et fort qu'ils ne sont pas comme ceux qu'ils jugent… mais c'est parce qu'ils ont peur de ne pas être aimés s'ils avouent qu'ils possèdent ces traits de caractère. Savoir accepter les autres tels qu'ils sont, les regarder sans jugement ni critique, est une aide précieuse pour surmonter les aspects négatifs de nos interactions avec les autres.

Lorsque que quelque chose nous agace chez autrui, cela doit nous interpeller : est-ce de la jalousie ? un travers qui nous renvoie à notre propre personnalité ? Ce qui nous dérange chez l'autre, c'est peut-être tout simplement ce qui nous dérange en nous-même… Ne nous plaçons pas au-dessus de l'autre mais choisissons plutôt de le regarder comme notre égal : nous ne détenons pas la vérité et se placer dans le jugement dénote plutôt un esprit étroit… Un esprit ouvert et sain laisse place à la différence, à l'inconnu, et sait qu'il ne peut pas tout savoir.

Une fois intégrée l'idée que nos relations ne sont que le miroir de nous-même, le meilleur moyen d'accepter les autres tels qu'ils sont est de prendre la peine d'essayer de penser comme eux : tout ce qui est différent de nous est susceptible de nous apporter beaucoup et d'enrichir notre personnalité. Essayer de penser différemment nous permet de développer des compétences qui se situent bien en dehors de notre zone de confort, de notre bien-être familier.

ET SI ON ÉTAIT PLUS SYMPAS AVEC NOS COLLÈGUES ?

À chacune de mes expériences en entreprise, j'ai constaté qu'on avait tous une fâcheuse tendance à pointer du doigt ce qui ne va pas chez un collègue, un employé ou même un boss, à mettre en avant leurs défauts. En se focalisant ainsi sur les points négatifs de quelqu'un, on génère des ondes négatives et de la mauvaise humeur, et comme c'est contagieux, ça plombe généralement l'équipe tout entière. J'ai même vu des situations dégénérer en procès pour ce genre de cas... Pourtant, malgré ses défauts, ce collègue possède des qualités : pourquoi ne pas plutôt mettre en valeur celles-ci ? L'idéal, c'est d'apprendre à être souple, à s'adapter aux situations et aux gens – sans pour autant se laisser marcher dessus, hein ?

Je me souviens d'un exemple flagrant chez Catimini, où les équipes ont très vite compris que j'avais besoin d'être dans l'action, que mes idées fusaient très vite, mais que j'étais loin d'être une flèche sur PowerPoint. Plutôt que de me laisser m'énerver et perdre du temps sur ces fameux slides, mes collaboratrices, Virginie et Sandrine, ont pris l'habitude de m'adresser leurs demandes par WhatsApp pour me simplifier la tâche. J'ai non seulement été touchée de voir qu'elles avaient compris mon fonctionnement, mais ça m'a en outre donné envie de redoubler d'efforts dans mon propre domaine de compétences. En définitive, tout le monde y trouvait son compte et on restait tous fixés vers un objectif commun : tirer le meilleur de chacun afin d'avancer ensemble dans les meilleures conditions.

Par ailleurs, au fil de mes TGMC@work, j'ai identifié un problème commun à toutes les entreprises : les différences de perception. Partout, en écoutant parler les employés ainsi que les membres de la direction, j'ai constaté que tous les problèmes de communication étaient liés à une « mauvaise » perception : votre perception de la réalité n'est pas celle des autres, et celle des autres n'est pas forcément la vôtre ! Votre réalité n'est tout simplement pas LA seule réalité... Chacun voit les choses à travers son propre prisme, selon son éducation, son histoire familiale et son vécu, donc tout le monde n'a pas le même ressenti. Et heureusement, sinon le monde serait triste à mourir ! Pourtant, c'est bien cela qui est compliqué, car on doit cohabiter malgré nos différences...

Plutôt que de laisser les situations se dégrader parce que vous ne comprenez pas pourquoi untel n'a pas fait comme ci ou comme ça ou qu'unetelle n'a pas répondu à votre mail (« de toute façon, je suis sûr(e) qu'elle ne m'aime pas »), essayez plutôt d'être tolérant(e) et interrogez-vous sur les raisons de ces comportements. Il y a sûrement une explication logique.

Bien sûr que vous n'allez pas aimer tout le monde autour de vous au bureau – ou ailleurs – d'un coup de baguette magique, mais les collègues, il faut bien faire avec puisqu'ils sont là, alors autant faire en sorte que les relations soient les meilleures possibles : votre vie sera plus agréable et c'est finalement l'entreprise (la société !) entière qui a tout à y gagner.

C'est donc en vous que le changement doit d'abord s'opérer pour la mise en place d'un cercle vertueux ! Quand on est sympa et qu'on demande gentiment quelque chose, on a plus de chances de l'obtenir.

Plus jeune, j'ai perdu pas mal d'amis car je ne les trouvais pas assez motivés, pas assez positifs, pas assez « comme j'aurais aimé qu'ils soient ». Jusqu'au jour où j'ai fini par me remettre moi-même en question : et si c'était moi le problème ? En effet, j'étais bien trop exigeante, je voulais faire rentrer tout le monde dans un moule, mon moule, et dès que certaines cases n'étaient pas cochées, l'histoire finissait mal. Pourtant, je sais aujourd'hui que personne ne « coche toutes les cases » ; les gens qu'on aime, on les accepte comme ils sont, avec leurs qualités, leurs défauts, et tout ce qu'ils ont à nous apporter dans leurs différences. Vouloir les faire changer n'a aucun sens, ce n'est qu'une perte de temps et d'énergie. S'ils doivent changer, modifier leur schéma ou leur chemin, c'est à eux seuls de le faire.

Par exemple, Muriel, ma meilleure amie depuis la nuit des temps, a besoin de polémiquer avec ferveur sur des sujets qui ne me passionnent pas toujours... mais c'est l'une des personnes les plus drôles, généreuses et brillantes que je connaisse !

- Soyez à l'écoute de l'autre, faites preuve d'empathie : la bienveillance attire la bienveillance et permet de transformer positivement n'importe quelle situation.
- Plus vous saurez accepter les gens comme ils sont, plus vous aurez de chances de rencontrer des gens qui vous acceptent pour ce que vous êtes.
- Ce que vous n'acceptez pas chez les autres est souvent le miroir de ce que vous n'acceptez pas chez vous : opérez d'abord un changement en vous !

- Ne jugez pas sans savoir ou connaître, cela crée des malentendus et favorise une mauvaise ambiance.
- Ayez confiance en vous, vous attirerez la confiance des autres.

Accepter les choses telles qu'elles se sont passées

On a tendance à penser que nous avons le contrôle des événements, que les choses se passeront comme on l'avait envisagé... Pourtant, les choses ne se déroulent pas toujours comme prévu, loin de là, provoquant déception, contrariété, frustration.

La réalité est faite de tellement de facteurs différents qu'on ne peut jamais vraiment être sûr de ce qu'il va se passer, il faut donc prendre en compte ce paramètre. On peut bien évidemment se fixer des objectifs, avoir des rêves, mais parfois l'essentiel est de savoir « où » on veut aller, et « pourquoi », mais on n'a pas forcément besoin de savoir et de contrôler « comment ».

Nous ne sommes pas seuls à décider de la tournure des événements, nous vivons dans un monde interdépendant, tout ne tourne pas autour de nous et de notre vision des choses : on n'a jamais toutes les clés en main. Or on a tendance à tout prévoir car on ne veut pas être confronté à l'inconnu. C'est ça qui nous fait peur : ne pas savoir…

Lorsque les choses ne se passent pas du tout comme on les avait prévues, que nous sommes confrontés à des événements négatifs, des accidents graves qui modifient complètement le dessein envisagé, cela peut être dur à vivre, voire traumatisant. **Pourtant, ayez en tête que si les choses se passent ainsi c'est que vous aviez quelque chose à apprendre de cette situation, et que ce changement de plan va vous remettre sur le meilleur chemin pour vous.** Vous êtes toujours là où vous devez être. Ruminer sur ce qui aurait « dû » se passer vous ramènera dans le passé, vous ne serez plus connecté(e) au présent et vos pensées négatives risquent d'en entraîner d'autres.

Notre cerveau enregistre beaucoup d'informations, on se met trop de pression, on pense trop… et notre esprit s'embrouille. À trop se poser de questions, on quitte le moment présent et cela génère du stress. Privilégiez plutôt l'action et concentrez-vous sur ce qui se passe ici et maintenant.

Si vous avez envie de « changer de vie », ne vous focalisez pas sur les conséquences négatives d'un tel projet, n'imaginez pas le pire ou ce qui risque de ne pas fonctionner : si avant même de mettre en place ce projet vous laissez une place trop importante à ces pensées négatives, vous pouvez être sûr(e) que rien ne fonctionnera ! Bien sûr qu'il y a des chances que ça ne marche pas, mais vous ne pourrez le savoir que si vous vous lancez... En amont d'une telle démarche, réfléchissez aux éléments constructifs de votre changement de vie, aux aspects positifs, et surtout, mettez-vous en action. C'est en agissant qu'on apprend et qu'on avance. Et il sera toujours temps de rectifier votre démarche en cours de route, au moment opportun.

Ne vous laissez pas envahir par des pensées négatives au risque de les voir se réaliser. Agissez plutôt !

- Face à une déception, mieux vaut réagir, rebondir, plutôt que de ressasser le passé. L'action vous aidera à avancer et à penser à autre chose.
- Apprenez à relâcher la pression : vous ne pouvez pas tout maîtriser.
- Les choses ne se sont pas déroulées comme prévu ? Demandez-vous quel message vous envoie l'Univers et ce que vous devez voir autrement.
- Arrêtez de trop penser et passez à l'action !
- Apprenez à relativiser : peut-être que tout cela n'est pas si grave ?

« *LET IT BE* »,
BIEN PLUS QU'UN TITRE DE CHANSON

En développement personnel et spirituel, cette phrase simple est très souvent utilisée. Trois syllabes pour une pensée puissante : laisse faire la vie. La seule réalité, c'est que les choses se sont passées comme elles devaient se passer, inutile de vouloir revenir en arrière. La seule attitude à adopter pour échapper à la souffrance ou à la frustration est d'accepter que ça se soit passé comme cela.

Paul McCartney raconte que des années après la mort de sa mère – il n'avait que 14 ans quand elle est décédée –, il a fait un rêve dans lequel elle lui disait de ne pas s'inquiéter, que tout allait bien se passer : « *Let it be* ». À son réveil, il a écrit cette chanson qui est devenue non seulement un titre culte des Beatles mais aussi une chanson à la portée universelle, sans doute parce qu'elle évoque une émotion si forte qu'elle parle à tout le monde.

Comment accepter l'inacceptable, les situations terribles et injustes, comme la maladie, la perte d'un être cher ? Ce n'est pas possible. Alors, ce qu'il faut accepter, c'est la colère, l'indignation et l'angoisse, afin qu'elles puissent être évacuées. Il faut aussi laisser du temps au temps : chacun vivra différemment son deuil, son besoin d'extérioriser sa colère ou pas. On peut toutefois se faire accompagner par des thérapeutes. Quoi qu'il arrive, il est nécessaire de continuer à vivre afin de diminuer les risques de dépression.

LAISSER LE TEMPS AU TEMPS

« Le temps est un grand maître, il règle bien des choses » disait Corneille : nous avons beau agir, prendre des décisions, vouloir que les choses avancent, certaines situations demandent du temps. Il faut du temps pour se remettre d'un deuil ou d'une rupture amoureuse, il faut du temps aussi pour qu'un gendre ou une belle-fille soit acceptée au sein d'une famille, du temps encore pour que les us et coutumes évoluent dans notre société (mariages mixtes, PMA, etc.).

Alors bannissons l'impatience, qui nous empêche de supporter que les choses ne se passent pas aussi vite qu'on le souhaiterait ! **Arrêtons de vouloir les choses immédiatement, selon nos envies et nos caprices, alors que nous vivons dans une société où nous sommes tous dépendants des uns et des autres mais également de notre environnement.** Il y a un temps pour tout !

L'impatience est souvent un trait de caractère de l'exigeant, du perfectionniste, qui a hâte de voir ses idées se concrétiser et ses actions prendre forme. Un besoin que les choses se passent plus vite que prévu afin de se satisfaire personnellement… Or, si les choses se font plus rapidement que prévu, cela compresse le temps, augmente le risque d'erreur, de stress ou de frustration… C'est toute l'histoire de ma vie : toujours aller plus vite, trouver le moyen de gagner du temps, combler tous les trous de mon emploi du temps et de mon esprit.

Pendant longtemps, j'ai cru que la vie était une course contre la montre. En réalité, c'était plutôt une course avec mon propre ego, l'image que je voulais donner de moi aux autres. Mais faire les choses par rapport aux autres est une lourde erreur, et en général on finit par recroiser les mêmes obstacles tant qu'on ne l'a pas compris.

Quand j'étais petite, je n'étais pas mauvaise au piano car j'avais une bonne oreille, mais j'étais nulle en rythme : toujours un temps en avance. Il y a encore quelques années, lorsque je faisais du Pilates ou du yoga, je faisais les mouvements à toute vitesse, comme si j'avais hâte de terminer, car dans ma tête, j'étais déjà « après », jamais vraiment dans le moment présent. Résultat : je ne faisais pas correctement les mouvements, je ne profitais pas de l'instant, j'étais toujours « speed », pressée, et qu'est-ce que ça m'apportait de vouloir aller plus vite ? Rien, à part du stress supplémentaire.

Dans mon boulot, ça a longtemps été la même chose. J'avais du mal à comprendre pourquoi mes interlocuteurs ne répondaient pas à mes mails immédiatement, et je me faisais des nœuds au cerveau en imaginant des scénarios catastrophe : « Il ne répond pas parce qu'il ne sait pas comment me dire non… » Quand je recevais enfin la réponse positive (parce que c'est le plus souvent le cas !), je me demandais systématiquement pourquoi je m'infligeais tant de stress pour rien… Heureusement, j'ai appris à changer (même si je continue à vouloir mettre trois fois trop de timbres sur une enveloppe, par exemple, en imaginant que mes courriers arriveront plus vite…).

Avec le temps, j'ai appris qu'il y avait un temps pour tout : pour les erreurs, donc l'apprentissage, mais aussi du temps pour soi, du temps pour rien ou pour récupérer, ce que je n'envisageais même pas. La faute sans doute à notre éducation qui nous enjoint à toujours « gagner » du temps… Quand on est dans la performance, comme moi, on ne veut pas « perdre ».

De manière générale, tout est géré et défini par le temps : certains ont tendance à trouver qu'il leur en manque, d'autres à s'ennuyer car il leur semble lent. Le temps est perçu différemment selon les personnes et leurs activités.

Si on a tous des obligations vis-à-vis de son temps, et que chacun le gère à sa façon et comme il peut (avec ses priorités, ses obligations), tout est régi selon différentes étapes.

Prenons le cas de travaux, par exemple : il y a un temps pour la démolition, un autre pour la reconstruction ; puis vient le temps de la peinture, du séchage de la première couche avant d'entreprendre la deuxième si on veut éviter les cloques ou la peinture qui se décolle, et ainsi de suite. Si on n'attend pas le temps nécessaire, il faudra tout recommencer...

Quand on observe la nature, c'est encore plus fragrant : à chaque saison correspondent les différentes phases cycliques de la faune et la flore. C'est au printemps que les bourgeons apparaissent, que les hirondelles reviennent, c'est en été que se fait la récole des fruits et légumes tant attendus tout le reste de l'année et qu'il aura fallu planter plusieurs mois plus tôt... C'est le temps de la nature, c'est comme ça, et on ne peut rien y faire.

Et si on se reconnectait à ce temps ? Si on apprenait à vivre ainsi, dans le réel, loin du stress et de cette course inutile contre le temps ?

ACCEPTER, CE N'EST PAS RENONCER

On est parfois tenté de renoncer un peu trop vite à un rêve ou un projet. Au premier obstacle, on préfère abandonner en se disant que ce n'était pas pour nous ou pas le bon moment. Mais accepter ne veut pas dire abandonner. Face à une difficulté, plutôt que laisser tomber il faut souvent se remettre en question, revoir la façon dont on a abordé le projet, imaginer un autre moyen d'y arriver. Ce n'est pas parce que ça n'a pas marché du premier coup que ça ne marchera pas à tous les coups !

Combien de fois on essuie un refus de la part de sa banque pour un crédit avant d'obtenir une réponse positive ? Combien de CV envoyés avant d'obtenir un rendez-vous avec un employeur potentiel ?

Il ne faut jamais baisser les bras si un projet vous tient à cœur et que vous savez, au fond de vous, qu'il vous rendra heureux/heureuse !

QUAND LES MOTS PARLENT DE L'ACCEPTATION

Je suis comme je suis : une expression simple et honnête qui signifie qu'on s'accepte tel qu'on est. Trop souvent les gens cherchent à nous changer, ou nous-mêmes sommes parfois trop durs à notre égard ; cependant la seule réalité, c'est que nous sommes comme nous sommes, chercher à faire autrement ne ferait que nous éloigner de notre alignement donc de notre bien-être.

Il faut faire avec : eh oui, les choses sont ainsi ! Plutôt que de penser au conditionnel ou au passé, ou penser comment la situation pourrait être autrement, il faut faire avec ce que nous avons dans le présent afin d'être en accord avec notre environnement et avancer dans la réalité et le concret.

« Je ne perds jamais, soit je gagne soit j'apprends », disait Nelson Mandela : sage parole d'un grand homme ! Quoi qu'il arrive, tout se passe comme cela devait se passer. Une phrase qui donne de la force, et le courage d'entreprendre, de prendre des risques : quand on accepte qu'une erreur soit un apprentissage, on transforme le négatif en positif, on sait qu'on se relèvera en toutes circonstances.

Pour le meilleur et pour le pire : célèbre dicton que l'on prononce lors du mariage, tel un contrat, par lequel on s'engage à avancer ensemble, quoi qu'il arrive, dans les bons comme les mauvais moments, car c'est de cela qu'est faite la vie. En être conscient nous prépare à affronter ces difficultés, afin de ne pas être trop dérouté lorsqu'elles arrivent sur le chemin. La vie ne peut pas être faite que de bons moments, comme pour tout, il y a des hauts et des bas.

MÉMO

LES BIENFAITS DE L'ACCEPTATION

- Accepter, c'est être en accord avec la réalité : que les choses nous conviennent ou non, on est conscient de leur réalité.
- Accepter, c'est mieux se connaître, avoir conscience de ses propres défauts, de ses qualités, de ses peurs. Savoir reconnaître et apprendre de ses erreurs est une force.

- L'acceptation favorise notre paix intérieure, donc notre bien-être mental et physique et notre sentiment de liberté.
- Si des obstacles surviennent dans notre vie ou qu'ils persistent et reviennent, c'est qu'on n'a pas encore surmonté une situation ou que l'on a quelque chose à apprendre encore de cet incident. Dans tous les cas, cela n'arrive pas par hasard et nous aide à trouver notre chemin.
- L'acceptation prouve une démarche d'authenticité : on a davantage de chance de rencontrer des gens et des situations dans cette même démarche.
- L'acceptation favorise l'empathie et la résilience, qui nous aident à être plus résistants : on souffre moins.
- Accepter nous permet d'apprendre à lâcher prise, à ne plus chercher à tout contrôler, à se détacher de notre ego : on peut ainsi éviter de nombreux écueils, le stress, l'anxiété, la tension et éviter tout ce qui contribue à la dépression.
- L'acceptation délivre de l'obligation et supprime la peur du jugement de l'autre : on se sent aligné, plus léger, notre esprit est plus clair, on gagne en efficacité dans tout ce que l'on entreprend.
- Accepter, c'est comprendre qu'on ne dépend pas des autres, qu'on n'est pas « victime »

d'un sort, et que la solution, les ressources sont en nous.

- Accepter, c'est devenir son propre moteur pour créer la vie dont nous rêvons !
- Accepter, c'est apprendre à rebondir, à faire preuve de résilience !

LES ACTIVITÉS QUI FAVORISENT L'ACCEPTATION

L'escalade est un très bon exercice pour apprendre à accepter les conditions telles qu'elles sont : un pied devant l'autre, la vigilance en alerte, on voit le point de départ et l'arrivée. Chaque pas, chaque geste compte, on ne peut rien faire d'autre que rester concentré sur chaque mouvement afin d'éviter la chute. Et surtout, chaque pas nous rapproche du sommet !

La cuisine (et surtout la pâtisserie) est un très bon exercice pour prendre le temps : même sans être doué, pour réussir une recette, il suffit de la suivre à la lettre, pas à pas, en respectant scrupuleusement les consignes, les différentes étapes de préparation et de dressage, et de prendre… son temps !

Regardez vos/des enfants qui découvrent un nouveau jeu : ils vont jouer, sans bien connaître les règles et au risque de se tromper, mais ils continueront sans relâche jusqu'à y arriver ! Nous, adultes, nous préférons laisser tomber parce qu'on risque de ne pas y arriver… Retrouvons notre âme d'enfant et partons en quête de celui ou celle qui n'avait par peur de « louper » et qui se cramponnait jusqu'à gagner !

Placez-vous en bas d'un escalier ou visualisez-le : en montant les marches une par une, prenez conscience que ces impulsions, l'une après l'autre, vous mèneront là-haut. Si vous cherchez à gagner du temps, en les montant deux par deux, peut-être arriverez-vous plus vite, mais vous risquez de trébucher, de vous blesser, voire de vous retrouver tout en bas… Toutes ces configurations sont possibles, mais chaque décision, chaque conséquence vous appartient.

Votre patience à l'épreuve des transports : coincé(e) dans votre voiture au milieu des bouchons, bloqué(e) dans le métro ou le train en grève, vous voilà de mauvaise humeur, irrité(e) et agressif/agressive. Pourtant, cela ne sert à rien de se plaindre et d'être affligé(e), cela ne vous aidera en rien à avancer plus vite… Pourquoi ne pas profiter de ce moment pour vous reposer, écouter de la musique ou un podcast, ou lire un livre ?

Faites du jardinage ! Plongé(e) dans le rythme de la nature et des saisons, vous serez obligé(e) de les respecter et de travailler en symbiose avec eux.

POUR SE FAIRE AIDER

Pour régler les différents maux qui découlent de la non-acceptation de soi (de son passé, d'événements traumatiques, etc.) et qui empêchent de vivre sereinement, il existe différents types de thérapies et/ou de techniques.

La méditation : en période de stress et d'angoisse, méditer peut aider à retrouver le calme et à apaiser son mental.

La psychothérapie : être suivi par un thérapeute permet de libérer la parole et de mettre ainsi des mots sur des émotions et sur des maux.

L'EMDR (*Eye Movement Desensitization and Reprocessing*) : cette thérapie courte utilise les mouvements oculaires pour soigner le stress post-traumatique (violences sexuelles, attentats, etc.) même de nombreuses années après les faits.

MON EXPÉRIENCE : L'HYPNOSE

Sur le plan de la santé, l'hypnose traite notamment la douleur et les troubles anxieux (stress, phobie, états de panique, troubles de l'affirmation de soi). On l'utilise également pour régler des problèmes de dépendance (tabagisme, troubles de l'alimentation) mais d'autres applications sont possibles à la fois dans les champs somatiques (dermatologie, gastroentérologie) et psychopathologiques (troubles de la personnalité, de l'humeur).

L'hypnose m'a été d'une grande aide pour lâcher prise et apprivoiser l'acceptation. Les traitements traditionnels ne m'étant plus d'aucune aide contre mes dernières crises d'eczéma – les plus sévères – j'ai décidé de consulter un hypnothérapeute pour apprendre à lâcher prise : si j'en étais arrivée là, c'est que mon esprit n'arrivait plus à rien, et que mon corps, bloqué par des pensées négatives, cherchait à me transmettre un message… Dès la deuxième séance, sans que je n'y comprenne rien, l'hypnothérapeute m'a annoncé que j'étais « enfin prête à accueillir ce qui allait m'arriver »… Comment pouvait-il en être si sûr ? « Parfois, m'a-t-il répondu, il n'y a pas besoin de comprendre, mais plutôt d'accueillir ce qui va se passer. » Moi qui avais passé ma vie à vouloir tout comprendre et tout expliquer, j'étais sidérée. Pourtant, je sentais qu'il avait raison. À vouloir tout comprendre, on se fait des nœuds au cerveau, on se complique la vie, on finit par trop réfléchir alors qu'il faut vivre, tout simplement, et laisser les choses arriver… Depuis, je vous promets, mon eczéma n'est plus qu'un vilain souvenir – qui se rappelle parfois à moi avec de toutes petites plaques de rien du tout, juste comme une sonnette d'alarme !

LES LIVRES QUI M'ONT ÉCLAIRÉE SUR L'ACCEPTATION

Lise Bourbeau, *Les 5 blessures qui empêchent d'être soi-même*, Pocket, 2013 : vous avez parfois l'impression de tourner en rond dans votre cheminement personnel ? Il vous arrive de voir resurgir un problème que vous pensiez avoir résolu ? Peut-être ne cherchez-vous pas au bon endroit... Ce livre vous éclairera sur le rejet, l'abandon, l'humiliation, la trahison et l'injustice, les cinq blessures fondamentales à l'origine de tous nos maux.

Lise Bourbeau, *La Puissance de l'acceptation*, Pocket, 2017 : un livre qui permet de mettre des noms sur un grand nombre de symptôxmes, et nous aide à identifier nos zones d'ombre et nos peurs. Il révèle le cœur de l'enseignement de Lise Bourbeau : la clef du bonheur est de pratiquer l'acceptation de ce que nous sommes. Cessons de nous blâmer ou de critiquer les autres, et apprenons à nous écouter.

Christophe André, *Imparfaits, libres et heureux*, Odile Jacob, 2018 : être enfin soi-même, ne plus se soucier de l'effet que l'on fait, agir sans craindre ni l'échec ni le jugement, ne plus trembler à l'idée du rejet et trouver tranquillement sa place au milieu des autres, voilà ce que préconise Christophe André pour pratiquer l'estime de soi. Tout est dit dans le titre !

Irène Hickman, *Hypnose non directive et vies antérieures*, Sully, 2018 : quand on cherche la cause de nos problèmes, qu'on a tout traité de fond en comble et que certaines énigmes restent irrésolues, il reste peut-être une porte qui n'a pas été ouverte… celles des vies antérieures. À la naissance, nous sommes empreints du patrimoine génétique de nos ancêtres et des vestiges de nos vies antérieures. Si nous n'apaisons pas ces douleurs, ces souffrances qui nous ont été laissées en héritage, nous risquons de voir se répéter sans fin les mêmes situations… Ce livre ouvre à la pratique de l'hypnose et dévoile comment elle permet de remonter dans le subconscient, de transcender le temps et l'espace, pour soulager des problèmes psychologiques ou somatiques.

LE MOT DU SPÉCIALISTE : DOCTEUR PNG LU HUY, CHIRURGIEN ORL (SINGAPORE GENERAL HOSPITAL)

« L'acceptation est un point essentiel et particulier de l'existence dont beaucoup déforment l'interprétation : accepter n'est pas abandonner, c'est reconnaître que rien ne peut changer la réalité d'une situation défavorable, et que progresser en prenant activement part aux changements est le seul moyen de surmonter les épreuves – dans le cas d'une maladie, d'un décès, mais aussi dans toutes les situations difficiles de la vie.

C'est même l'ultime des cinq étapes que doivent franchir les patients en fin de vie : déni, colère, négociation, dépression, et enfin acceptation (étapes définies par Elisabeth Kübler-Ross). Ces étapes aident à donner du sens et à empêcher le tourbillon d'émotions incontrôlables. »

L'ACCEPTATION :
RÉALISER QUE LE CHAMP DES POSSIBLES EST PLUS GRAND QUE L'ON NE PENSE

- S'accepter et être soi-même avec ses défauts et ses qualités afin d'accepter les autres.
- Accepter que les choses ne se passent pas forcément comme on veut. Accepter que l'on ne contrôle rien car nous sommes tous interdépendants. Il faut rester humble et avoir conscience que penser tout savoir ou toujours vouloir avoir raison nous enferme dans nos propres limites.
- Osez, n'ayez pas peur de faire des erreurs. Chaque difficulté ou obstacle est un apprentissage qui nous rend plus fort et nous aide à nous remettre dans notre chemin.
- L'acceptation, c'est l'option à laquelle on n'a pas pensé mais qui a toujours existé.

Plus tu te prends de portes, moins tu as peur de t'en prendre, et plus tu as de chances d'en ouvrir.

CONCLUSION

Si un schéma se répète, c'est qu'on n'a pas compris quelque chose, qu'on n'est pas à l'endroit où on doit être et ces événements sont là pour nous aider à grandir et à avancer. Lorsque l'on est dans l'acceptation, on est en accord avec soi-même, on s'écoute. En étant aligné avec soi et le reste de l'Univers, le chemin devient alors libre : les synchronicités se multiplient, les portes s'ouvrent, les rêves se réalisent, on a plus qu'à être heureux, à profiter de chaque instant tout en restant vigilant et prêt à affronter les difficultés que l'on pourra rencontrer. Dit comme ça, ça a l'air si simple :)

Nous devons arrêter de toujours vouloir tout comprendre et contrôler, à la place juste apprendre, accueillir et vivre nos émotions. Ressentir pour de vrai. Revenir à la simplicité.

Changer petit à petit son quotidien afin d'améliorer sa vie. C'est en changeant notre mode de vie personnel que l'on pourra changer et rendre meilleur le monde dans lequel on vit.

La société change, nous avec : c'est l'opportunité de modifier ce qui ne va pas, de remettre les compteurs à zéro. Le monde sera ce qu'on en fera.

Pourquoi suis-je si optimiste ? En me rendant de plus en plus souvent dans les entreprises, je constate que leurs dirigeants sont de plus en plus nombreux à avoir compris qu'il était essentiel de remettre l'humain au cœur des priorités. Cela paraît tellement évident mais c'est juste réel et tellement pas le cas encore partout : un employé qui se sent bien, travaillera bien.

OK, simple, basique, basique.

Aujourd'hui voilà ce que je peux constater : en faisant attention à ma posture, en m'étirant tous les jours, ma sciatique a quasiment disparu, je n'ai plus de maux de dos violents ou autres maux sortis de nulle part à tout bout de champ. En ayant conscience du pouvoir de la respiration j'ai appris à maîtriser la mienne, à diminuer mon stress et mes angoisses à me détendre. En vivant dans l'instant présent, je profite beaucoup plus et je relativise en permanence, je suis à l'écoute de mon corps, des signes, des autres, je reste malgré tout vigilante car le meilleur comme le pire a vite fait d'arriver – j'essaye de transformer chaque élément négatif que je rencontre en positif, même si c'est pas facile, j'essaye. Mais surtout je dis merci à toutes ces emmerdes, obstacles, mauvaises experiences, difficultés, car je sais que c'est grâce à elles que je suis ici et maintenant ! Tout cela a pris du temps, et je n'ai pas fini d'apprendre et de m'améliorer, mais tout ce que je vois c'est que ce sont ces petites choses au quotidien qui changent la vie :) et je vous rassure, je continue à péter des câbles hein, mais ils durent bien moins longtemps et surtout faut vraiment que ce soit grave !

Il paraît que la France est le pays de la mauvaise humeur, c'est peut-être grâce à ça que la Good Mood Class existe non ? Là où il y a un problème… là se trouve la solution ;) et si on peut faire des Good Mood Class en France, c'est bien la preuve que tout est possible.

Chaque jour je découvre de nouvelles personnes, communauté engagée dans cette direction, je me demande où elles étaient avant ? En réalité si je ne les rencontre que maintenant c'est qu'avant je n'étais juste peut-être pas encore prête, et là maintenant je suis enfin au bon endroit, au bon moment, avec les bonnes personnes. Les bonnes personnes ce sont celles avec qui l'on choisit de faire un bout de chemin en avançant dans la même direction. Après on verra. Un pas après l'autre :)

Faites de votre bien-être une priorité car en changeant les choses en mieux à votre échelle, vous contribuez au changement global en mieux. Et il est urgent que nous allions mieux.

C'est dans le collectif que la transformation se fera. Le collectif c'est nous. Ensemble tout est possible. La Good Mood Class existe grâce à une communauté formidable qui a osé bousculer les choses, j'ai même entendu « une révolution » positive. Je ne remercierai jamais assez ces personnes qui ont osé croire en moi plus que je ne l'aurai peut-être fait moi-même.

Avant il était bon de penser différemment, aujourd'hui il est temps d'agir et de vivre autrement.

À nous de combattre ces deux grands fléaux du siècle : le stress et la pollution. D'ailleurs les deux sont liés, comme tout. L'intérieur, l'extérieur, l'équilibre, une quête infinie vers l'harmonie.

On a toute la vie pour la trouver, pas de course, juste un chemin, chacun à son rythme, à sa façon, tant qu'on fait de son mieux.

Amusez-vous, souriez à la vie comme vous aimeriez qu'elle vous sourit, aimez la vie comme vous aimeriez qu'elle vous aime ! Osez vivre pleinement et être qui vous êtes réellement, le monde a besoin de vous !

Ayez de grands rêves, car lorsque les obstacles se présenteront ils seront là pour vous donner du courage et vous aider à avancer.

Et surtout : faites-vous confiance, vous êtes bien plus capable que ce vous ne pouvez imaginer, écoutez-vous, la seule vérité c'est la vôtre, celle que vous choisissez.

Ayez conscience que l'Univers est bien plus grand et imaginatif que nous, arrêtons de nous limiter à ce que nous croyons, il est temps d'élargir nos horizons et de faire de votre vie la meilleure que vous allez imaginer et écrire. C'est dans la liberté qu'on trouve le bonheur, car au final, c'est bien ça qu'on cherche tous non ? Mais avant comme vous l'avez vu, il y a du boulot. Commençons par faire de notre bien-être notre priorité.

Chaque jour est un nouveau jour, la possibilité de tout recommencer, d'oser, de saisir la chance et imaginer que l'on peut espérer le meilleur. Et si vous ne pouvez pas changer les choses, vous pouvez toujours changer la façon de les voir, et ça change tout !

N'oubliez surtout pas : rien n'est plus sûr que l'incertitude.

« OUI vous devez vous dire que je suis une rêveuse, mais je ne suis pas la seule, et j'espère qu'un jour vous vous joindrez à nous et nous ne ferons plus que un. » John Lennon

Si vous lisez ces lignes à ce moment même ce n'est sans doute pas un hasard ;)

LOVE,

Sophie

On teste et on verra,
et si ça marche pas,
au moins on saura.

POST-SCRIPTUM :
EN CAS DE PÉTAGE DE CÂBLE

Même si on essaye de positiver tout le temps, parfois la situation nous échappe.

Voici quelques exemples où les cinq points clés peuvent vous sauver dans certains moments !

1. La posture

Vous venez d'avoir une altercation au bureau : sortez de la pièce, bougez et tentez de vous détendre. RELAX ! Vous ne règlerez peut-être pas le problème immédiatement mais quand vous y reviendrez, vous aurez un regard neuf, plus posé. **N'hésitez pas à demander de l'aide :** au travail comme dans votre vie personnelle, il y a forcément quelqu'un de compétent qui saura vous éclairer.

2. La respiration

Après un gros coup de stress, prenez quelques minutes pour respirer profondément par le nez, n'hésitez pas à sortir prendre l'air afin d'y voir plus clair et de vous ré-énergiser.

Si vous vous sentez dépassé(e) par un rythme de travail qui vous semble trop *speed* : prenez parfois le temps de ne rien faire afin de vous reposer, de souffler et de récupérer. RES-PI-REZ !

3. L'instant présent

Quand une petite voix chuchote dans votre tête : « Tu es nul(le), ça ne sert à rien ce que tu fais, tu n'y arriveras jamais », faites-la taire immédiatement ! Vous avez la possibilité de changer et de tout recommencer à chaque instant : faites-vous confiance.

Un exercice que je fais faire pendant la TGMC : dites tout haut ou dans votre tête « FERME TA GUEULE JAFFAR ! » pour faire taire cette méchante petite voix. Défoulement garanti ☺.

Chaque jour est un nouveau jour : ce n'est pas parce que cela n'a pas marché hier que cela ne marchera pas aujourd'hui. Les circonstances, l'environnement et l'énergie ne sont pas les mêmes, donc TOUT EST POSSIBLE.

4. La pensée positive

Vous subissez un coup de stress à la suite d'une erreur, vous vous en voulez et ne pensez plus qu'à ça : demandez-vous avec un peu de recul, si c'est vraiment si grave ? En règle générale (sauf si vous sauvez des vies au quotidien), non ! Et rappelez-vous que vous n'êtes pas le centre du monde : quoi qu'il arrive, vous êtes sûrement le/la seul(e) à voir avec une loupe l'aspect négatif des événements. **Alors on n'en parle plus et on passe à autre chose.**

Pensez à toujours avoir du chocolat à portée de main en cas d'urgence : bourré d'antioxydants, il booste votre moral et votre sérotonine, ce qui procure une sensation de bien-être immédiat ☺ à consommer avec modération, hein !

Et n'oubliez pas : l'humour et la créativité sont les meilleurs ingrédients pour transformer une situation négative. Changements d'ambiance et d'énergie garantis !

NB : transformer une situation négative en positive doit devenir le sport auquel vous vous entraînez !

5. L'acceptation

Si la situation devient vraiment trop complexe avec tel ou telle collègue qui vous fait vivre un enfer : tout en restant irréprochable sur le plan professionnel, faites comme si cette personne n'existait plus. Prenez une posture d'invincible, soyez inatteignable, et ne cédez pas aux sirènes des cancans. Rentrer dans son jeu, c'est lui donner de l'importance et de l'intérêt. La meilleure attitude : l'ignorance. **Rappelez-vous : chacun a une perception différente des choses, c'est souvent la cause des malentendus.** Il faut désamorcer la bombe au plus tôt avant que cela ne prenne trop d'ampleur et explose n'importe comment. Et surtout, soyez indulgent : on ne sait jamais ce que peut traverser l'autre. On a tous le droit d'avoir des phases difficiles. **Soyez le collègue que vous aimeriez avoir, celui qui sera là quand vous en aurez besoin.**

REMERCIEMENTS

Gratitude Ad vitam æternam

Merci à toute mon incroyable équipe qui fait de chaque *Good Mood Class* un moment exceptionnel.

Phyrum, Aurélien, Zak, Frieda, Sofia… merci pour l'énergie et la magie.

Clarisse Dupuis et toute l'équipe de la boutique RP, sans qui rien n'aurait commencé.

Merci à tous mes cousins pour votre amour et soutien inconditionnel.

Roland, Valérie, Sy moran, Caroline, Sonarine, Seilune, Arnaud et même Tommy ; p vers l'infini et l'au-delà <3.

Merci Rute de garder les enfants et bien plus <3.

À tous mes amis de me supporter depuis si longtemps ;) Romain, Poupoune, Mumu, Marie F., Morena, Béatriz.

Merci Mylène de m'avoir accompagnée dans le lancement de toute cette entreprise, et merci

Julie d'avoir imaginé dès le début qu'on en serait là ☺.

Merci à toutes ces femmes inspirantes que j'ai rencontrées qui m'ont poussée, encouragée (OMG y'en a tellement).

Siham Djibril : tu as été plus qu'une psy pour la TGMC et moi ;)

Solène Davy : tu fais partie de notre histoire !

Elsa Wolinski : merci de me pousser depuis le premier jour <3

Sylvie Ganter : quelle chance que l'Univers t'ait mise sur mon chemin.

Sandrine Couturier et Virginie Abitboul : ensemble c'est toujours mieux !

Sarina Lavagne et Julie Hamaide #asianFever forever.

Merci à l'agence Nelly Rodi, Nathalie Rozborski, Pierre François ainsi qu'à toute l'équipe pour votre confiance et vision avant-gardiste, vous m'avez mis le pied à l'étrier.

Merci Manolo et Éric pour cette blague de surnom qui a changé le cours de ma vie !

Merci Emmanuelle Gally, Louise Charpy, Alix Petit, Usha Bora : on n'oublie jamais ses premières fois <3

Merci Marianne Dadu Hamameh, sans toi on n'aurait jamais réaliser ce *Good Mood* tour de France !

Merci Mélanie Huynh pour tout le full support <3

Diana Winston, Andrew Browning : I can never thank you enough for supporting my LA dream.

Cathy Closier, Lulla Chanel, Valerie Anne Demulier, Fanny Pradier, Katinka Sarkozy #TEAMGOODMOOD NYC forever, vous êtes mon American Dream !

Jacques Hua, David Khamsing : friends like family, merci pour votre force, on avance ensemble.

Adèle Breau, Marine de Quenetain : compagnons d'un jour, compagnons de toujours !

Farah Khan : thank you so much for supporting me and showing me that asian women could do anything too !

À toutes mes lectrices, je n'aurai jamais assez de mots pour vous remercier, c'est grâce à vous que *The Good Mood Class* existe, donc je continuerai à faire et à chercher <3 #togetherwecandoanything.

Un grand merci à tous les partenaires qui ont osé nous faire confiance <3.

Merci Laure, Caroline, Cécile, Olivia, Florence, Aurélie, infiniment pour votre patience, et pour l'accompagnement de cette épopée.

Merci à toute ma famille et à tous mes amis.

13402

Composition
NORD COMPO

Achevé d'imprimer en Slovaquie
par NOVOPRINT
le 9 janvier 2022

Dépôt légal : février 2022
EAN 9782290263105
OTP L21EPBN000580N001

ÉDITIONS J'AI LU
87, quai Panhard-et-Levassor, 75013 Paris

Diffusion France et étranger : Flammarion